ANTI CRISIS

RUBÉN TURIENZO

ANTI CRISIS

Las **8 reglas de oro** de las empresas centenarias para triunfar ante la adversidad

CONECTA

Primera edición: septiembre de 2023

© 2023, Rubén Turienzo Ortiz
© 2023, Penguin Random House Grupo Editorial, S. A. U.
Travessera de Gràcia, 47-49. 08021 Barcelona

Printed in Spain — Impreso en España

ISBN: 978-84-18053-08-5
Depósito legal: B-12.168-2023

Compuesto en M. I. Maquetación, S. L.

Impreso en Black Print CPI Ibérica
Sant Andreu de la Barca (Barcelona)

CN 5 3 0 8 5

A quienes se reconocen como una improbabilidad estadística
y no se conforman con la definición de sus batallas pasadas

A ti, por estar al otro lado

Desde tiempos inmemoriales se sabe que una de las mejores formas de comenzar a construir relaciones duraderas es honrar el primer contacto con la otra persona entregándole un presente. Por eso quiero empezar este libro haciéndote **un regalo: un entrenamiento con contenido exclusivo** de más de dos horas de duración para fortalecer tu proyecto y prevenirlo para futuras crisis. Encontrarás información detallada sobre cómo acceder al curso en las últimas páginas del libro.

Deseo sinceramente que te resulte útil.

Índice

PRIMERA PARTE

Estrategia anticrisis

SEGUNDA PARTE

Las reglas de oro

Introducción

Una crisis siempre conlleva dolor. Para todos, incluidos los que parecen estar a salvo de sus consecuencias. He visto a presidentes de Gobierno llorar ante unas asfixiantes cifras de desempleo, a valientes CEO de grandes compañías sufrir ataques de ansiedad tras una caída estrepitosa en la bolsa, a emprendedores derrumbados ante situaciones que los superaban y a miembros de un equipo de dirección incapaces de conciliar el sueño durante varias noches presos de la frustración, el miedo y el estrés.

Nadie te explica, cuando llevas a la práctica una iniciativa o te pones al frente de un proyecto, que de modo inevitable, en algún momento, vas a vivir situaciones de conflicto. Tampoco que durante esas crisis tu cerebro «dejará de pertenecerte» y será esclavo de las emociones. Ni que tu musculatura se tensará y tu organismo parecerá olvidar su funcionamiento más elemental. Si has vivido alguna situación de crisis sabes de lo que te hablo. Hablo de las terribles dudas ante las decisiones que debes tomar, de la compleja gestión de la incertidumbre, de la ira, de la tristeza, de la agonía... Y, por supuesto, del sentimiento de culpabilidad por las consecuencias. Porque toda crisis mal gestionada acarrea secuelas traumáticas.

Algunos gurús, conferenciantes, autores de libros o motivadores profesionales nos invitan a fracasar, a experimentar situaciones conflictivas y a vivir en crisis permanente bajo la premisa de que eso nos convertirá en profesionales más capacitados. Esta filosofía, oda a la celeridad y al corto plazo, fomenta la creencia de que la sobreexposición a una crisis es beneficiosa para nuestros proyectos personales, empresariales o corporativos. Pero las crisis dejan heridas: sueños rotos, daño en la autoestima, falta de confianza en uno mismo y en los demás, familias enteras traumatizadas o problemas financieros que, en el mejor de los casos, tardan años en solventarse.[1] Pérdidas personales y profesionales con nombres y apellidos.

Así que no, no deseo que sufras ninguna crisis, ni que fracases, ni siquiera que te equivoques en lo más mínimo. Con este libro, mi mayor deseo es que aciertes siempre al tomar decisiones, que tus proyectos sean exitosos y tus empresas, prósperas. Pero sobre todo espero que tu proyecto sea longevo, goce de buena salud económica y tenga efectos positivos en tu vida. Porque eso y solo eso será sinónimo de que has sido capaz de prepararte y superar hasta el último de los inconvenientes que te has encontrado por el camino.

Este no es un libro sobre el éxito acelerado y el pelotazo cortoplacista.

Este es un manual para que tu proyecto personal y profesional trascienda, superando cualquier adversidad futura.

Estas páginas desean acelerar tu aprendizaje para enfrentarte a situaciones conflictivas. Esas estrategias, rutinas, comportamientos y decisiones que hasta ahora solo estabas aprendiendo a base de ensayo y error.

Por desgracia vivimos en un entorno de alto riesgo para cualquier designio. Siempre ha habido incertidumbre, ahora bien, en el momento actual de la humanidad esta es todavía más grave. Entendiendo que lo único que puede quebrantar tu longevidad es la no superación de una crisis, y quiero evitarte en lo posible la angustia, el dolor y el estrés mostrándote una serie de claves para anticipar y solucionar cualquier peligro futuro y salir indemne de él.

Llevo veinte años ayudando a organizaciones de medio mundo (de dieciocho países, para ser concretos) a enfrentarse a conflictos de alto riesgo y alcanzar sus objetivos. He presenciado todo tipo de situaciones críticas, desde la existencia de aguas fecales en unas latas manipuladas de una reconocida marca de refrescos hasta despidos de directivos que se complicaron y tuvieron que pactarse bajo amenazas mutuas, pasando por la venta de una cotizada startup que se frustró en el último minuto por el boicot de uno de los socios. Veremos en el libro algunas de esas situaciones, por supuesto, sin embargo, mi compromiso va más allá: voy a revelarte las conclusiones de la investigación que he realizado sobre las empresas más longevas del mundo y su capacidad para afrontar y superar todo tipo de crisis.

En un escenario convulso como el actual, en el que las empresas nacen y mueren con una facilidad pasmosa,[2] en el que un día se ensalza a una tecnológica y al día siguiente esta se hunde en la bolsa,[3] he querido dirigir el foco hacia las empresas que han sido capaces de perdurar a lo largo de los siglos y aún siguen activas. He investigado cómo lo han logrado y he descubierto, entre otras cosas, que muchas de ellas son japonesas. De hecho, el 65 por ciento de las empresas del mundo con más de doscientos años lo son,[4] como veremos más adelante. Sin duda, el país del Sol Naciente tiene mucho que enseñarnos sobre resistencia y perdurabilidad.

Solo me queda decirte, antes de entrar en materia, que he dividido el libro en dos partes diferenciadas:

1. **ESTRATEGIA ANTICRISIS**, donde veremos la naturaleza de las crisis y los elementos esenciales para que adquieras una **mentalidad** *henokien.*

2. **REGLAS DE ORO**, donde compartiré contigo los secretos que he aprendido de las empresas más longevas del mundo, recogidas en un manifiesto de ocho claves esenciales que unidas forman un verdadero **escudo anticrisis.**

Si eliges la durabilidad a lo efímero, si prefieres trascender a ser una nota a pie de página, si antepones tu legado a sumarte a la última moda, si priorizas la resiliencia por encima de la rigidez, estás en el lugar adecuado y con el libro perfecto entre tus manos.

En toda crisis hay vencedores y vencidos. Ojalá, después de leer *Anticrisis*, tú seas de los primeros.

Primera parte

ESTRATEGIA ANTICRISIS

Anatomía
de una verdad

Perdurar y trascender es afrontar con eficacia el siguiente conflicto. Es crear una mentalidad ágil, dispuesta, estratégica, resolutiva y centrada en las consecuencias. Y esta mentalidad que asegura la longevidad debes desarrollarla lo antes posible porque hay una certeza para la que nadie te ha preparado: se aproxima una crisis.

No importa cuándo leas esto, si en 2023 o en 2030, si en invierno o en verano, si un lunes o un domingo. Siempre hay una crisis acechando.

Puede ser por un aumento desbocado de la inflación, por una guerra, por una recesión, por una depresión o por una desaceleración. Quizá te golpee la falta de crédito, el efecto látigo, el exceso de oferta, una competencia agresiva o problemas graves con un proveedor o un distribuidor.

Puede que esa crisis, tu próxima crisis, sea económica, digital, reputacional, medioambiental, laboral o, tal vez, de liderazgo, de conocimiento, de agotamiento o de contexto.

En cualquier caso, te lo garantizo: tienes una crisis en ciernes y como no te prepares para afrontarla, te causará un gran daño, quién sabe si irreparable. La supervivencia de tu proyecto está en juego. Cada día.

Ignorarlo no es una muestra de optimismo, sino de ingenuidad, estupidez o avaricia. O de que vives de espaldas al mundo. Porque las señales están por todas partes. ¿Acaso no hemos padecido una megapandemia de alcance mundial que nos ha tenido más de dos años en vilo? Mientras estás en el sofá mirando tu serie preferida de Netflix, Disney+ o HBO Max, en el mundo sigue habiendo pandemias con potencial para extenderse por grandes zonas. Y no sabemos cuándo se desatará la próxima.

Si echas un vistazo a la historia te darás cuenta de que llevamos milenios conviviendo con las crisis. No solo con guerras, también con migraciones masivas, desastres naturales, etcétera. Tal vez pienses que a ti no te afectarán, que tu empresa, tu país o tu región está a salvo. ¿De verdad lo crees? ¿Y si te digo, por ejemplo, que mientras escribo esto hay cincuenta volcanes en erupción y más de 1.350 volcanes activos en todo el globo?[5] ¿O que el año pasado nueve terremotos alcanzaron las máximas magnitudes sin dejar víctimas, por suerte, y que en 2023 un único sismo en Turquía y Siria provocó más de cincuenta mil muertes, millones de afectados y enormes pérdidas económicas?

Las crisis pueden aparecer en cualquier lugar y en cualquier momento. ¿Inflación? Pregúntale a Argentina. ¿Violencia en las calles? Piensa en México. ¿Reivindicaciones sociales? Ecuador, Chile, Irán, Sáhara… ¡Incluso China!

Las crisis siempre están ahí, esperando a que te confíes. Ignorarlas no va a impedir que te afecten. Aunque no te muevas, igualmente te verán y te devorarán. Son más listas e insaciables que un T-Rex. No te servirá de nada esconderte y quedarte quieto. De hecho, si no haces nada será peor: caerás de lleno en sus fauces.

Las crisis no solo acechan ahí fuera, también dentro de tu organización.

Año 2018, Florennes, Bélgica. Mientras limpiaba el interior de un vehículo, un operario de mantenimiento apretó un botón que no debía. ¡Ojalá hubiese sido el limpiaparabrisas! Por desgracia, era el botón de disparo de un avión de combate F-16. Una ráfaga de ametralladora agujereó otro caza que estaba aparcado enfrente, el cual estalló y se llevó por delante un tercer avión. Más de cuarenta millones de euros por un pequeño descuido de un profesional que había realizado la misma tarea cientos de veces.

Este suceso marcó el inicio de una crisis de reputación de las Fuerzas Armadas belgas. Un año después, en unas prácticas regulares, dos ocupantes de otro F-16 tuvieron que ser eyectados en extrañas circunstancias. Y en 2021, uno de sus aviones de combate se estrelló contra un edificio por un error en el acelerado automático. Tres accidentes que generaron la percepción social de que el mantenimiento de los aviones de combate belgas era deficiente. Tres accidentes en apariencia aislados, pero que en realidad tenían una causa común: la defectuosa y desactualizada formación del equipo técnico, que además estaba desmotivado porque cada vez tenía que hacer más trabajo por el mismo sueldo.

Otro caso real. Año 2011 en la europea Georgia. Yuri Stanlis llevaba más de seis meses negociando la venta de su empresa tecnológica. La compradora, la multinacional china Qihoo 360, estaba muy interesada en su *software* para proteger la estabilidad de internet cuando se producían picos de alta demanda. Las duras negociaciones se habían ido convirtiendo en poco amigables, así que los chinos enviaron por e-mail una oferta final y dieron a Stanlis un plazo de dos horas para responder.

Mientras, en otro lugar de Georgia, la entrañable Hayastan Shakirian, de setenta y cinco años, salió a su jardín con un hacha para partir un poco de leña. Tras dar unos cuantos golpes, cortó sin darse cuenta un cable que pasaba por sus tierras y dejó sin internet a casi toda Georgia, Armenia y parte de Azerbaiyán. Cinco horas de apagón y millones de pérdidas.

Debido al corte de suministro, Stanlis no pudo recibir ni responder el correo, y los asiáticos se lo tomaron como una ofensa. Desestimaron la operación, la prensa se hizo eco de ello e inmediatamente las acciones de la compañía georgiana perdieron un valor de varios cientos de millones de euros. Al día siguiente, la policía detuvo a la pobre señora Shakirian, que ni siquiera sabía qué era eso de la red de redes, y Stanlis convocó una rueda de prensa para explicar lo sucedido y rogar a los chinos, hasta perder la dignidad, que volvieran a la mesa de negociación.

¿Un accidente imprevisible? Tal vez, pero también podríamos decir que carece de toda lógica que el cableado responsable de un suministro tan importante esté a pocos centímetros del suelo. Este problema en dicha infraestructura debía haber sido subsanado mucho antes, pero quizá la empresa responsable desconocía la situación (ingenuidad), estaba informada pero pensó que nada podía suceder (estupidez) o quiso evitar el sobrecoste de enterrar la maroma (avaricia).

¿Quieres otra? ¡Marchando una con mozzarella!

Año 2017. La marca con mayor cuota de mercado en el sector de las pizzas estaba celebrando un año histórico. Todo se torció cuando una madrugada recibió la noticia de que la fábrica que le suministraba la mozzarella había sido pasto de un terrible fuego. De inmediato se puso en marcha para buscar un proveedor alternativo y lo encontró en un tiempo récord. La compañía comunicó a su red de franquiciados que, gracias a la excelente y rápida intervención de su departamento industrial, la incidencia se había solventado con éxito.

¿Problema resuelto? No. Al cabo de poco, los clientes empezaron a quejarse de que el sabor de las pizzas con la nueva mozzarella no era el mismo. La compañía salió a defenderse diciendo que el nuevo queso era de muy buena calidad, pero finalmente tuvo que explicar que llevaba años poniendo en sus pizzas un sucedáneo lácteo que solo tenía un 5 por ciento de queso. Esa «no mozzarella», hecha con aceite de palma, era lo que les daba el sabor característico a sus pizzas.

El incendio fue un accidente, cierto, pero ¡la elección del queso NO!

Vamos con uno de mis favoritos. Imagina que te invitan a dar una charla en una prestigiosa escuela de negocios, ante un auditorio compuesto por directivos, y se te ocurre empezar con una broma. Es la misma idea que tuvo Gerald Ratner, CEO de Ratner's, el gigante británico de la joyería. Por lo que fuera, le pareció genial lanzar esta chanza: «La gente me pregunta: "¿Cómo puedes vender esto a un precio tan bajo?". A lo que yo les respondo: "Es sencillo, porque es una mierda total"». No tuvo bastante y añadió una segunda broma, también de dudoso gusto, sobre un sándwich de gambas de Marks & Spencer. Apenas unas horas después, las acciones de Ratner's se desplomaron y perdieron un valor de mercado de mil millones de dólares. Fue con seguridad el chiste más caro de la historia.[6]

Más allá de las anécdotas, me gustaría que te quedaras con la idea de que hoy en día, en la mayoría de las organizaciones, el equilibrio es tan frágil que puede irse al traste por una mala decisión, una declaración desacertada o una sencilla acción individual. Un error basta para desatar el fatídico terremoto.

Le puede pasar
a cualquiera

Por tanto, estás a una mala decisión de la próxima crisis.

Puede que, más que una decisión, sea la acumulación de malas decisiones la que cree un efecto bola de nieve tan grande que nadie se atreva a abordarlo. Esto es lo que sucedió con las cuentas adulteradas de ENRON, las emisiones de CO_2 de Volkswagen, la hipoteca impagable de Lehman Brothers, el vertido en el golfo de México de BP, la cultura *bro* que acabó con el CEO de Uber,[7] el *antenagate* de Apple, el *batterygate* de Samsung, las escuchas ilegales de Facebook, etcétera. En la mayor parte de las ocasiones, estos comportamientos nocivos estuvieron muy ligados a los directivos, los objetivos o los valores reales de la compañía, es decir, no los que están colgados en el despacho de recursos humanos o la página web, sino los que se muestran en el seguimiento habitual de rutinas y procesos internos.

Tal vez pienses que esto les pasa solo a las grandes multinacionales. Pues no. Ocurre en todo tipo de empresas y adopta múltiples formas: una empresa familiar exitosa que se va a la ruina cuando una nueva generación toma las riendas; un proyecto con grandes perspectivas que acaba en nada tras el divorcio de sus fundadores; una emprendedora que tiene un magnífico producto pero no ha estudiado cómo escalarlo que termina agotada y sin motivación; una pequeña inmobiliaria que se ve obligada a cerrar porque el mercado quiebra y no supo diferenciarse; una influencer icónica del mundo vegano que es pillada comiéndose una hamburguesa; un coach espiritual denunciado por crear una secta sexual...

Estos son casos reales, como seguramente habrás supuesto. Un caso reciente es el de un emprendedor del sector de los infoproductos.* Tras un 2020 de éxito apoteósico en las ventas, al año siguiente decidió ser el rey del mercado e invirtió mucho dinero en publicidad en YouTube. La plataforma no pudo absorber tanta inversión, y eso provocó que a los usuarios les saliese el mismo anuncio hasta en tres ocasiones mientras visualizaban un único vídeo. El enfurecimiento general provocó que esta acción de marketing masivo se volviese en su contra y convirtió a este profesional en meme y burla. Tras un retiro temporal forzoso, a su regreso nunca volvió a vender tanto como antes.

Algunas crisis son globales y difícilmente predecibles, como la famosa crisis de las hipotecas *subprime* de 2008. Solo Nouriel Roubini, profesor de economía de la Universidad de Nueva York,[8] y el ahora gurú de las inversiones Michael Burry[9] advirtieron de su inminencia, aunque a toro pasado muchos han querido colgarse la medalla. Las consecuencias son de sobra conocidas: pinchazo a nivel mundial de la economía, que tardó una década en recuperarse, millones de personas desesperadas y sin futuro y desconfianza global hacia el sistema bancario. Y hubo otras menos evidentes pero muy importantes a largo plazo, como la disminución de la natalidad, que contribuyó al envejecimiento de la población mundial y tuvo repercusiones que aún hoy arrastramos en el ámbito laboral, en los derechos sociales, los sistemas de pensiones, etcétera.

* Un infoproducto es un artículo digital donde los datos y la información se estructuran en un formato específico para instruir, educar o guiar al consumidor hacia un propósito predefinido.

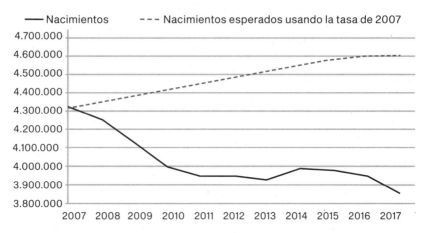

El declive de la tasa de natalidad

—— Nacimientos ---- Nacimientos esperados usando la tasa de 2007

Fuente: Centro Nacional de Estadísticas de Salud y Oficina del Censo de Estados Unidos.

Hay una clase diferente de crisis: las que vienen con toda la fanfarria y publicidad de los medios de comunicación. Algunos les hacen caso y otros, pagados de sí mismos o agarrados a la ubre de la vaca hasta que explote, se niegan a verlas. La sanitaria de la COVID-19 es un buen ejemplo. Cuando estalló en enero de 2020 en Wuhan, los medios hablaron de lo que estaba pasando allí. Y enseguida, después de que saltara con fuerza a Italia, se hicieron eco de ello con todavía más fuerza. Sin embargo, en el resto de Europa todo el mundo, gobiernos, oposición y empresas, actuó como si el asunto no fuera con ellos. Hasta que se extendió como la pólvora por el planeta y empezó a dejar un reguero de fallecidos por donde pasaba. En España nos confinaron en marzo, pero en Estados Unidos todavía se lo pensaron un poco más. Y en algunos lugares, como México, decidieron permanecer abiertos y esperar a que los ingresos por turismo paliasen la situación mientras la población se cuidaba «bajo su responsabilidad». Lo dicho: ignorancia, estupidez y avaricia.[10]

El contexto perverso

Después de leer el capítulo anterior supongo que ya tienes claro que todo proyecto, el tuyo también, está de forma permanente expuesto a eventualidades que pueden poner en riesgo su desarrollo o incluso su pervivencia. Eventualidades que surgen de dentro de la organización o se generan fuera de ella, sea en el entorno más próximo, sea en un contexto más amplio, incluso global, como sucede con las pandemias o las recesiones.

Es bien conocido que el contexto en el que vivimos ha cambiado en las últimas décadas a gran velocidad y sigue haciéndolo. Se percibe con solo observar ciertos comportamientos. Quienes nacimos antes del año 2000, por ejemplo, hemos ido viendo una gran transformación en la manera de comprar. El comercio online parecía en sus inicios poco confiable y pagábamos la mayor parte de las transacciones en efectivo. Cuando se trataba de comprar un producto físico, nos parecía casi imprescindible verlo y tocarlo antes de adquirirlo. Hoy esto es historia, como bien saben Jeff Bezos y Jack Ma, fundadores de Amazon y Alibaba, respectivamente. Hay incluso inmobiliarias online que venden propiedades sin que los compradores las visiten con antelación.

Todo ha cambiado: las relaciones, las creencias, las tecnologías, las metodologías, las políticas. Y, por supuesto, ¡también la manera de afrontar las crisis!

Te pondré un ejemplo. En 1980, Henry Ford II abandonó la presidencia del consejo de administración de Ford Motor Company. Se despidió envuelto en investigaciones por presuntos sobornos a un general indonesio para obtener facilidades en la implantación de una fábrica. En aquellos días, Ford también tuvo que afrontar pleitos con unos consumidores que acusaban a la compañía de «homicidio por negligencia» debido al accidente de un Ford Pinto en el que murieron tres jóvenes. Aunque la compañía fue exonerada de la responsabilidad por lo segundo, ese año tuvo unas pérdidas de 1.500 millones de dólares. ¿Cómo consiguieron superar la crisis? Es sencillo: centrándose en sus ventas fuera de Estados Unidos, donde su imagen no estaba dañada e incluso se veía a la compañía como una marca aspiracional. Solo dos años después, en plena crisis económica mundial, los beneficios de Ford fueron de 1.837 millones de dólares, y en 1984, de casi 3.000, con lo que batió todos sus récords históricos.

Actualmente, como te puedes imaginar, esa estrategia sería imposible de llevar a cabo. Con internet, las denuncias serían noticia en el planeta entero, sin importar que la multinacional tenga su sede en Ohio. Y no solo eso: con toda probabilidad, los consumidores someterían a la compañía a la tiranía de las reseñas y de los foros, lo que ocasionaría una crisis de ámbito mundial que, además, tendría graves consecuencias internas. Tal vez sería exculpada en el juicio, pero la sentenciaría el «tribunal público» de las redes sociales.

Muchos son los profesionales que desde diferentes perspectivas nos muestran los contextos cambiantes y agresivos a los que hoy debe enfrentarse cualquier proyecto. Estos escenarios ponen a prueba tu supervivencia y aceleran el desgaste al que están sometidas tus decisiones, estrategias e incluso productos o servicios. Conocerlos, interiorizarlos y aprender de ellos te da la oportunidad de protegerte de esa vulnerabilidad externa. Como dijo Sun Tzu en *El arte de la guerra*, «conoce a tu enemigo como a ti mismo, y saldrás triunfador en mil batallas». Si el contexto puede ser hostil y violento, es hora de presentarte sus tres posibles caras: VUCAH, BANI y ACID. Y recuerda: dominar el escenario es adueñarte de la partida.

VUCAH

Creado por la Escuela Nacional de Guerra del Ejército de Estados Unidos para describir el mundo surgido tras la Guerra Fría,[11] el acrónimo VUCA se empleó en los años noventa en el mundo de la empresa, y de las organizaciones en general, para definir el contexto de la época, un contexto caracterizado por la volatilidad, la incertidumbre, la complejidad y la ambigüedad (VICA en castellano). En tiempos más cercanos se le ha añadido la H de «hiperconectado», con lo que el acrónimo ha quedado como VUCAH.

Seguro que ya has oído hablar de este concepto, así que vamos a detenernos en él lo justo. En el ámbito organizacional es habitual que se mencione en frases como: «Debido al VUCAH actual, cualquier plan que hagamos estará pronto desactualizado». Esta frase, que defiende la falacia de la idoneidad de la NO-estrategia, se refiere a:

- Un entorno **volátil**: con cambios constantes y muy rápidos.

- Un entorno **incierto**: difícil de prever y aún más de controlar.

- Un entorno **complejo**: con la intervención de múltiples agentes, fuerzas, intereses, etcétera.

- Un entorno **ambiguo**: con realidades poco claras, a menudo distorsionadas.

- Un entorno **hiperconectado**: con acceso universal a la información y el conocimiento gracias a la tecnología, que lo ha cambiado todo.

En el día a día de las organizaciones, es útil aplicar el análisis VUCAH a episodios concretos para cuantificar sus riesgos reales y crear estrategias con el fin de mitigarlos. Dicho análisis ayuda a comprender mejor la situación y a identificar las vulnerabilidades y las oportunidades.

La forma de aplicarlo es tomar la situación concreta y responder una serie de preguntas similares a estas:

- **Volatilidad.** ¿Cuáles son los resultados más favorables y menos favorables que podemos esperar? ¿Con qué velocidad pueden cambiar estos resultados? ¿Cómo podemos modificar nuestros procesos antes de que esta situación nos afecte de manera negativa?

- **Incertidumbre.** ¿Qué elementos concretos pueden llegar a cambiar? ¿Cuáles son los posibles síntomas y alarmas de dicho cambio? ¿Podemos llegar a reconocer el momento en el que las cosas empiezan a cambiar? ¿Somos suficientemente ágiles para responder a esos cambios?

- **Complejidad.** ¿Qué conocimiento profundo tenemos de los procesos o procedimientos implicados en esta situación? ¿Cómo están interconectados estos elementos? ¿Cuál es nuestra capacidad para detener una reacción en cadena en el área afectada?

- **Ambigüedad.** ¿Cuál es nuestro conocimiento público de los factores internos y externos? ¿Qué posibilidades hay de que se produzcan malentendidos y confusión? ¿Cómo se pueden emitir instrucciones con mayor claridad? ¿Qué información se necesita antes de tomar una decisión?

- **Hiperconectividad.** ¿Podemos dimensionar con certeza el impacto social? ¿Sabemos qué puntos calientes se están exaltando en las redes sociales? ¿Cuál es la fuente del ruido social? ¿Puede realizarse una acción de refutación anticipada?

BANI

Aunque la idea básica del VUCAH y su utilidad como herramienta de gestión siguen permaneciendo vigentes, el contexto ha evolucionado bastante en los últimos treinta años. La incertidumbre y la situación global, en especial después de la pandemia de 2020, requieren nuevas herramientas o conceptos que nos ayuden a encontrar sentido a la realidad. Modelos que simplifiquen el contexto y nos permitan definir las respuestas adecuadas en un mundo incontrolable.

Ante este entorno de confusión e incertidumbre, ha tomado fuerza el modelo BANI, creado en 2016 por Jamais Cascio, antropólogo y miembro del Instituto de Estudios del Futuro. Este modelo, cuyo acrónimo se acuñó en el artículo «Facing the Age of Chaos»,[12] trasciende al VUCAH, ya que va mucho más allá de la inestabilidad y la incertidumbre de la que hablaba este.

Aunque muchas personas lo asocian en exclusiva a una narrativa situacional, mi visión del modelo BANI es correctiva. Es decir, lo considero útil para demostrar que el mundo no es como uno

creía y que existen cuatro ilusiones de las que tenemos que despertar. Por supuesto, existen otras explicaciones que a buen seguro
encontrarás en internet, pero permíteme que te cuente la mía.

Brittle («quebradizo»), o la ilusión de fortaleza

Aquello que presuponíamos firme es en realidad frágil, o al menos
no tan fuerte como parecía. La creencia popular de que «todo irá
bien» es una mera ilusión, algo que las personas nos decimos para
sentirnos mejor y más seguras, pero que carece de una base sólida.

El mundo ha existido durante eones, por lo que tendemos a negar su indestructibilidad y a confiar en su durabilidad, pero es frágil, y siempre lo ha sido. El hecho de que la gente no lo vea (o no
quiera verlo) y asuma en cambio que el mundo es irrompible, no mo-
difica esta realidad. En los últimos tiempos, de hecho, estamos des-
cubriendo que el mundo, y en especial la naturaleza, es un ecosistema interconectado, vulnerable y enrevesado. La ilusión de
fortaleza que hemos mantenido a lo largo de los siglos se va desva-
neciendo a medida que descubrimos la fragilidad del mundo.

Cada vez tenemos más evidencias de que todo es muy quebra-
dizo. Una enfermedad puede generar un estado de alarma (el ébola,
la COVID-19, la viruela del mono), una empresa puede reinventar
nuestro sector (Airbnb, Uber), una tendencia del mercado o una innovación puede poner en riesgo nuestro negocio (las plataformas
de vídeo frente a los videoclubes, la fotografía digital frente a la fotografía analógica) o una elección democrática puede tener un impacto incalculable en nuestro mercado (Brexit). En este contexto,
los puestos de trabajo no están garantizados, los cargos no son sinónimo de seguridad y la reinvención profesional es una constante.

No solo lo viejo es frágil, sino también lo nuevo que pretende sustituirlo. Un ejemplo es el Cirque du Soleil: en 2020, mientras en las escuelas de negocios se seguía explicando su historia como un caso de éxito por considerar que había reinventado el negocio del circo, la compañía se declaraba en quiebra y era adquirida por un fondo de inversión, Catalyst Capital.

Por último, la B de BANI también hace referencia a un entorno no elástico. Nuestra realidad es rígida, los sistemas son más estáticos de lo que deberían, y esto limita nuestra capacidad de adaptación y nuestra resiliencia.

Anxious («ansioso»), o la ilusión de control

La ansiedad se relaciona con el sentimiento de impotencia, la sensación de estar abrumado por todo lo que uno enfrenta. Aderezada con estrés, preocupación y miedo a no poder hacer frente a lo que el mundo pide, la ansiedad dificulta la toma de decisiones. En un contexto poco predecible, que además experimenta síntomas de fragilidad ante cualquier suceso, lo que prima es la inquietud y la zozobra. Los individuos se sienten impotentes e incapaces de generar un resultado cambiante y que de verdad tenga un valor en el entorno.

Vivimos nuestro día a día con agitación, en gran parte debido al exceso de información. Con noticias en tiempo real procedentes de todo el mundo bombardeándonos las veinticuatro horas del día, los siete días de la semana, no es de extrañar que vivamos con ansiedad, con la sensación de no tener un verdadero control sobre nada.

Los estudiosos consideran que esta A de «ansiedad» también está generada por el intento de acercar el futuro al presente, de buscar soluciones muy rápidas a los problemas, de querer correr demasiado. Esto aumenta el peso de la incertidumbre y nos produce inseguridad.

El peligro no es la ansiedad en sí, sino que, ante la desesperación o renuncia, la ansiedad se convierta en pasividad.

Non linear («no lineal»), o la ilusión de la previsión

La no linealidad siempre ha estado ahí y es una característica natural de cualquier sistema complejo. Los profesionales de la estrategia empresarial solemos explicarla de manera sencilla diciendo que entre A y B no hay una ruta recta, sino directa, pero repleta de desvíos, callejones sin salida y resultados inesperados.

No es, por tanto, nada nuevo, sino una característica predeterminada de cualquier sistema complejo. La novedad es que ahora somos más conscientes de la no linealidad de nuestro mundo. Esto rompe una tercera ilusión: la ilusión de previsibilidad.

En un entorno no lineal, una pequeña decisión puede tener consecuencias devastadoras (es el conocido «efecto mariposa»). Asimismo, un gran esfuerzo puede no dar grandes resultados. Al perder linealidad, los altibajos no son proporcionales. Las consecuencias de cualquier acto pueden notarse enseguida o tardar meses en desencadenarse. Nada es seguro, por lo que la planificación estratégica debe ser adaptable a las circunstancias.

La relación causa-efecto cada vez tiene menos garantías, y es por esto por lo que las viejas metodologías no son capaces de dar respuesta a la realidad y las crisis corporativas se multiplican. Un entorno no lineal produce desequilibrio, pues las consecuencias nos sorprenden y golpean y dejamos de controlar o comprender la realidad. Esto dificulta la gestión de cualquier proyecto, equipo u organización.

Incomprehensible («incomprensible»), o la ilusión del conocimiento

Por último, la I de «incomprensible» se refiere a la experiencia de las personas, que no logran descifrar lo que está pasando. Como no pueden entenderlo, tampoco son capaces de interpretar lo que sucede ni de averiguar las causas. No encuentran las respuestas que buscan, y cuando hallan una no consiguen darle sentido.

Esta permanente sensación de desconcierto acaba con una cuarta ilusión: la ilusión del conocimiento. El mundo es un misterio, a pesar de la ilusión que hemos creado de que con dedicación lo podemos entender. Esta es la razón por la que los expertos y científicos suelen decir cosas como «cuanto más sé, más me doy cuenta de que no sé».

Tratamos de encontrarle una explicación a todo y nos basamos en los datos y en el gran volumen de información que tenemos a mano. Sin embargo, la sobrecarga da lugar, paradójicamente, a la incomprensión. Nuestros conceptos e ideas cambian sin parar. Todo sucede tan rápido que tenemos la sensación de que cada vez entendemos menos cosas.

En definitiva, lo que nos dice el BANI es que ya no existen reglas fijas. En este mundo caótico, en el que manda la incertidumbre, nada está garantizado y nada es para siempre. Por tanto, debemos renunciar a nuestras ilusiones de fortaleza, de control, de previsión y de conocimiento y potenciar nuestra destreza adaptativa y de resolución de conflictos.

ACID

Sin querer desacreditar al ejército de Estados Unidos y su VUCA, ni al experto creador del BANI, ¿no tienes la sensación de que las cosas siempre han sido así, es decir, volátiles, imprevisibles, frágiles, complejas e incomprensibles?

La historia está llena de grandes crisis que estallaron cuando todavía no se habían alumbrado el VUCA y el BANI. En mayo de 1884, por ejemplo, el colapso de una correduría, Grant & Ward, causó un desplome generalizado en el mercado de valores de Estados Unidos que afectó con severidad a toda la economía. Este episodio generó la tercera recesión más importante de la historia del país. Más adelante, en 1914, estalló la Primera Guerra Mundial, y en 1939 la segunda. Y en medio, en 1929, el mundo tembló con el crac de la Bolsa de Nueva York. ¿Acaso el entorno en esos momentos era predecible, estable, comprensible y lineal? ¿De verdad crees que la Guerra Civil española no fue volátil, incierta, compleja y ambigua? Incluso si nos vamos a un pasado más remoto, ¿no crees que en 1492, cuando la expedición española encabezada por Cristóbal Colón alcanzó la costa americana por primera vez y en el mundo conocido cambió el poder, el comercio e incluso la alimentación, el mundo no estaba siendo ya VUCA, BANI o como quieras llamarlo?

Estos conceptos y estas descripciones son útiles porque nos tranquilizan. Proporcionan una explicación que nos satisface de un modo intelectual y nos devuelve en cierta medida la sensación de control. Por supuesto, no niego que puedan servirnos en algún momento (de lo contrario, no tendría sentido haberles dedicado estas páginas), pero creo que no son novedosas ni definen específicamente la época en que vivimos.

Puestos a crear un acrónimo específico para la época actual, que abarque y valide los anteriores, opino que deberíamos centrarnos en los elementos que sí han cambiado en los últimos años y que están motivando una aceleración de las transformaciones que vivimos. Mi propuesta en este sentido es el modelo ACID, que sintetiza las cuatro características más representativas del entorno actual: agotado (*aweary*), controlador (*controlling*), impaciente (*impatient*) y dividido (*divided*).*

Agotado (*aweary*)

No eres solo tú. El mundo está cansado, insatisfecho y cabreado. Vivimos un momento histórico en el que, después de unas décadas de sobreexplotación del planeta y de consumo desaforado, las materias primas se agotan y la creciente demanda de energía genera problemas de abastecimiento. Se está creando un clima generalizado de agotamiento mental y físico, pues la situación nos resulta agobiante. Seguro que lo percibes, en ti o en personas de tu entorno.

La globalización ha disparado la competencia, y la presión por los resultados genera un estrés constante. Desde la crisis de 2008, la falta de confianza en los sistemas establecidos ha ido *in crescendo*, igual que el pesimismo generalizado. En este sentido, una encuesta realizada por la consultora IPSOS en 2019 (o sea, antes de la COVID-19, la guerra Rusia-Ucrania, etcétera) reveló que el 61 por ciento de la población mundial se sentía pesimista sobre la dirección que estaba tomando su país.[13]

---

* En aras de facilitar la lectura, la explicación que encontrarás aquí del modelo ACID es deliberadamente breve. En el entrenamiento gratuito del que te hablaba al inicio del libro encontrarás el desarrollo detallado.

La opinión de los expertos acerca del futuro que nos espera no es nada halagüeña. En el *Informe de Riesgos Globales 2022* del Foro Económico Mundial, realizado a partir de la opinión de casi mil expertos en riesgos y líderes mundiales de empresas, gobiernos y la sociedad civil, se concluye que solo el 15,8 por ciento de ellos se muestran positivos u optimistas respecto al futuro.[14] La gran mayoría parecen inquietos o preocupados.

A todo esto hay que sumar la apabullante cantidad de información que recibimos a diario, que convierte la realidad en un entorno confuso. Según datos de Statista, en 2020 se publicaban 347.222 stories en Instagram cada minuto, una cantidad que en 2021 subió hasta 695.000. ¡El doble en solo un año! En las redes, cada vez impera más la doctrina de «quien no está, no existe». Seguro que más de una vez has sentido la obligación de publicar en las redes para seguir siendo «visible». Y tengo la certeza de que algunos días descubres que te «engancha» la necesidad de ver lo que publican otros.

Son peor todavía las discusiones en Twitter. Si sueles usar esta red, sin duda sabrás de lo que hablo. Se han extremado tanto las posturas que a veces da miedo opinar. Siempre hay gente dispuesta a criticar, y es agotador defenderse de sus feroces y despiadadas certezas sobre tu producto, empresa, ideología, persona, pasado, estilo de vida, etcétera.

Controlador (*controlling*)

Existe una tendencia cada vez más acusada hacia la hipervigilancia. Shoshana Zuboff, socióloga y profesora emérita en la Harvard Business School, considera que en la actualidad nos encontramos inmersos en un capitalismo de la vigilancia que, en un futuro muy cercano, nos controlará incluso las emociones.[15] De hecho, a comienzos de 2014, Facebook registró la patente de un sistema de detección de emociones y, como augura la científica y empresaria Rana el Kaliouby, el día de mañana el escaneo emocional acabará dándose por descontado, como ocurre hoy con las *cookies*.

¿Soy solo yo o a ti también te asusta este afán de control de las grandes empresas? China ha ido más lejos todavía y está cerca de hacer realidad lo que narra *1984*, la conocida distopía de George Orwell. El Gobierno chino está impulsando la creación de un sistema integral de reputación social con el que busca aprovechar los datos para mejorar las conductas. A través de este sistema, particulares y empresas irán recibiendo puntuaciones sobre diferentes aspectos de su conducta que se enlazarán con la información de instituciones gubernamentales y datos recopilados por empresas. De esta forma se registrarán «buenas» y «malas» conductas y se asignarán castigos o premios para moldear el comportamiento. Como en un capítulo de la serie distópica *Black Mirror*. ¿No te parece terrible?

Esta hipervigilancia no solo proviene de grandes empresas y gobiernos, también de nuestros semejantes, que están atentos a todos los movimientos de los usuarios a los que siguen en las redes sociales. En 2018, el Pew Research Center, un *think tank* con sede en Washington D. C., informó de que casi un 40 por ciento de los jóvenes de entre dieciocho y veintinueve años declaraban estar online «casi a perpetuidad», un cupo que era del 36 por ciento en la franja de entre treinta y cuarenta y nueve años.[16] Ni que decir tiene que estos porcentajes han debido aumentar en los últimos años. Esta constante presencia y vigilancia hace que todos juzguemos y señalemos las «buenas» y «malas» conductas, con premios como dar «me gusta» o castigos como bloquear, comentar con negatividad o cancelar a alguien. Según una encuesta realizada en Estados Unidos por Porter Novelli, el 66 por ciento de las personas cancelaría a una empresa, aunque fueran fanes suyas, si esta hiciera algo ofensivo o contrario a la justicia racial, a los derechos de las mujeres, a los asuntos vinculados a la inmigración y a otras cuestiones políticas.[17]

Impaciente (*impatient*)

La inmediatez es otra de las características más reseñables del entorno actual. Hasta hace poco, el hecho de que un paquete tardara menos de una semana en llegar a nuestra casa nos parecía casi cuestión de magia, mientras que ahora nos impacientamos y nos molestamos si tarda más de un día. Y sí, no me lo niegues, a ti también te pasa.

El mercado global de las empresas que entregan los pedidos en el mismo día en que se realizan está creciendo a un ritmo vertiginoso. Un análisis realizado por Kubbo señala que las empresas que implementan los envíos *same-day* pueden llegar a vender hasta un 63 por ciento más de unidades de un producto. Una clara prueba de ello es el aumento de búsquedas móviles que incluyen la palabra clave «envío en el mismo día». En el último año, este tipo de búsquedas han crecido un 120 por ciento.[18]

Esta tendencia hacia la inmediatez también queda patente en el aumento de la velocidad en las telecomunicaciones (3G, 4G, 5G...), en las promesas de los productos precocinados («listo en solo cinco minutos»), en los productos estéticos («con solo dos minutos al día») o incluso en los esfuerzos por reducir los tiempos de transporte de mercancías. Ejemplo de ello son los proyectos de Elon Musk y de la empresa china Space Transportation para crear cohetes hipersónicos que podrían alcanzar velocidades de 18.000 millas por hora (cerca de 30.000 kilómetros por hora). Se están invirtiendo millones en startups como Hermeus o Destinus, que proponen aviones hipersónicos para transportar pasajeros o carga. Hasta se está recuperando una nueva versión del Concorde denominada Overture, que entrará en producción en 2024.

Hemos creado una sociedad en la que rápido es sinónimo de mejor.

Dividido (*divided*)

¿Te has dado cuenta de que en nuestros días parece que se han radicalizado las posturas sobre cualquier cuestión, que cada vez es más difícil encontrar personas equidistantes o incluso mantenernos nosotros mismos en la centralidad y la mesura?

Las posturas están cada vez más polarizadas. Por un lado progresa la democracia, pero por otro aumentan los regímenes autoritarios; por un lado crecen las estructuras supranacionales, pero por otro se dividen las naciones; por un lado aumenta la información disponible, pero por otro crece la confusión ante la escasa fiabilidad de esa información. Populismos de diferentes signos han conseguido el poder en Brasil, Hungría, Polonia, Italia, la India o Filipinas, entre otros muchos países. Su arma, el aprovechamiento de la indignación, la comunicación GOD,* la frustración y el desamparo de una gran parte de la población.

Esta división supone un gran peligro para la sociedad, como nos alerta el ya mencionado *Informe de Riesgos Globales de 2022* del Foro Económico Mundial, que sitúa la «erosión de la cohesión social» como el riesgo que más se ha agravado a nivel mundial desde el inicio de la crisis de la COVID-19.

---

* Generalización, Omisión de información o Distorsión de la realidad.

La desigualdad (económica, política, tecnológica e intergeneracional) ya suponía un reto para las sociedades incluso antes de que las disparidades de ingresos aumentaran a causa de la pandemia. Para 2030 se prevé que vivirán en la pobreza extrema cincuenta y un millones más de personas que antes de la pandemia.

Con seguridad te habrás identificado con varias de las situaciones descritas, pues nadie puede abstraerse de este entorno «ácido». Es posible que lo estés notando de muy diversas maneras. Por ejemplo, ¿notas la presión de unos objetivos cambiantes y unas demandas de mercado en constante y acelerada evolución? ¿Lo que funcionó cuando lo hiciste en el pasado ha dejado de tener un resultado garantizado? ¿Te parece que tu equipo es menos resolutivo debido a su agotamiento mental? ¿Sientes tú también un cansancio mayor de lo normal? ¿Te descubres en exposición permanente y con necesidad de alimentar la proyección social? Todo esto y mucho más es lo que te puede hacer sentir un entorno ACID como el que nos rodea.

El mundo, por tanto, se está «acidificando», y es sabido que los cánceres se desarrollan en entornos ácidos. ¿Sabrías reaccionar con éxito ante un contexto ACID en tu empresa, proyecto u organización? Me alegra decirte que sí: como bien explican los químicos, todo ácido puede ser contrarrestado al enfrentarlo a la base correcta. Es momento de crear esa base sólida para ti.

Empresas centenarias

La pervivencia media de las empresas se acorta de día en día. No es una afirmación hecha a la ligera: decenas de estudios la corroboran. Y son muy reveladores. Entre ellos, los de la consultora Innosight, que en 2016 realizó un informe sobre la longevidad empresarial en el mundo.[19] Su autor, Richard Foster, profesor de la Escuela de Administración de Yale, concluyó que la esperanza de vida de las empresas del índice bursátil S & P cayó de los sesenta y siete años en la década de los veinte del siglo pasado a los quince años en 2016. Es decir, las empresas ahora son cada vez más como los roqueros de antes: tienen una vida intensa y corta. Sometidas a un gran estrés y sobreexpuestas a sucesivas crisis, mueren jóvenes y dejan un bonito «cadáver». O no tan bonito…

En su informe de 2018, la mencionada Innosight preconiza que en 2027 la vida media de una empresa será de tan solo doce años.[20] O sea, las compañías morirán sin ni siquiera llegar a la adolescencia. Y eso las que cumplan los doce, porque otros estudios revelan que el 52 por ciento de las pymes que se crean en el mundo no cumplen ni el primer año de vida, y solo el 12 por ciento llega al cuarto. Las crisis tempranas sacuden las débiles estructuras de estos negocios incipientes y dejan un rastro de desolación y sueños rotos.

En este mundo de precariedad empresarial, en el que cada día se crean y se destruyen millones de empresas, algunas, sin embargo, han demostrado una especial capacidad para sortear todo tipo de crisis y mantenerse activas a lo largo no ya de los años, sino de los siglos. Se han sobrepuesto a entornos VUCA y BANI, y en la actualidad resisten con firmeza en un contexto ACID, a pesar de las numerosas amenazas que acabamos de apuntar en el capítulo anterior.

Entre estas empresas pertinaces, algunas son centenarias* y han sobrevivido a dos guerras mundiales, varias pandemias, el crac del 29, la crisis del petróleo de los setenta y una infinidad de cambios de gobierno, leyes, equipos directivos, tendencias sociales y gustos de los consumidores.

Son empresas que no están de moda ni en boca de todo el mundo, pues no son unicornios ni compañías disruptivas capaces de alcanzar récords históricos de cotización en bolsa en poco tiempo. Y tampoco están dirigidas por visionarios mediáticos y endiosados como Mark Zuckerberg, Elon Musk o Jeff Bezos. Pero, a diferencia de Facebook (Meta), Tesla o Amazon, tienen una larga historia detrás y saben lo que es resistir crisis de distintas clases.

---

* A lo largo de este libro me referiré a ellas como empresas centenarias, aunque debes tener en cuenta que solo las más jóvenes tienen cien años. Decenas de las estudiadas han cumplido varios siglos e incluso algunas han superado el milenio.

Shinise

Los visigodos establecieron el reino de Toledo a principios del siglo VI d. C. En este mismo siglo nació Mahoma, fundador del islam. Parece muy antiguo, ¿verdad? Pues poco después del nacimiento de Mahoma, en el año 578, se fundó en Japón Kongō Gumi, la empresa más antigua del mundo. Desde sus inicios, la firma se ha dedicado a la construcción y rehabilitación de templos. Su primera gran construcción fue el famoso templo budista Shitennō-ji. Y, aunque ha tenido que hacer frente a múltiples problemas económicos (sobre todo los ocasionados en los años ochenta por la burbuja inmobiliaria nipona), 1.445 años después sigue en activo. Su mayor secreto es haber mantenido sus principios, ya que, hoy en día, y aunque la familia fundadora perdió su gestión en 2006 por un exceso de endeudamiento, la empresa pervive y los templos siguen representando el 80 por ciento de su negocio.

En todo el mundo hay seis mil empresas que han superado los dos siglos y se mantienen vivas. Incluso las hay milenarias, como algunas que veremos a continuación. Lo sorprendente es que, como ya señalaba en la introducción, según un informe elaborado en 2020 por Nikkei BP Consulting, el 65 por ciento de las empresas de más de doscientos años de existencia están en Japón. El país nipón es, con mucha diferencia respecto a los que lo siguen, el que encabeza el ranking de países con más empresas tan antiguas.

Ranking	País	Número de compañías	Ratio
1	Japón	1.340	65,0%
2	Estados Unidos	239	11,6%
3	Alemania	201	9,8%
4	Reino Unido	83	4,0%
5	Rusia	41	2,0%
6	Austria	31	1,5%
7	Países Bajos	19	0,9%
8	Polonia	17	0,8%
9	Italia	16	0,8%
10	Suecia	11	0,5%

El cupo se sitúa en el 41 por ciento si ampliamos la selección a las 33.000 empresas que llevan en funcionamiento continuo más de un siglo. De hecho, en Japón, las empresas que han sobrevivido durante más de cien años y han conservado su solvencia y dignidad comunitaria tienen un nombre específico: *shinise*. A nadie se le escapa que el respeto a la tradición, el arraigado sentimiento de pertenencia, el aislamiento vivido durante décadas y las políticas de fomento de la estabilidad y longevidad empresarial, así como la visión del trabajador como parte integrada de la compañía,* favorecen esta realidad. Pero hay mucho más. Japón tiene alguna lección que darnos sobre la pervivencia de los negocios, por eso a lo largo del libro vamos a centrar nuestra atención en las empresas centenarias de todas las latitudes del mundo manteniendo un ojo en las enseñanzas que Oriente puede impartirnos.

---

* Teoría Z de William Ouchi.

Kioto, la antigua capital de Japón (ahora es Tokio), tiene la mayor concentración de estas empresas centenarias. Algunas operan en sectores tradicionales como la elaboración de bebidas, dulces y artesanía. Por ejemplo, la compañía Gekkeikan, elaboradora de sake, tiene casi cuatrocientos años y ha sido dirigida por catorce generaciones consecutivas de la familia Okura. No se queda a la zaga Sasaya Iori, que ya ha cumplido más de trescientos años fabricando y vendiendo dulces.

Por ello en Kioto, una ciudad de mil doscientos años de antigüedad, se considera muy joven una compañía con cincuenta años. Aquellas que gozan de mayor credibilidad, confianza y reputación son las que han sabido superar suficientes crisis o conflictos al menos durante un siglo, es decir, las *shinise*.

Curiosamente, también en Japón, en concreto en la isla de Okinawa, es donde hay una mayor proporción de personas centenarias de todo el mundo. Muchas de ellas llegan a los cien años con buena salud y manteniéndose activas en su día a día.[21]

Sucede algo parecido con sus empresas. Japón tiene ocho de los diez negocios más longevos del mundo, entre ellos el hotel más antiguo, el Nishiyama Onsen Keiunkan, que lleva abierto desde el año 705. También posee la empresa de productos religiosos (Tanaka Iga, año 885) y la confitería (Ichimojiya Wasuke, año 1000) más antiguas del mundo.

Henokiens

Existe una asociación que agrupa a algunas de las empresas más antiguas del mundo, un club en el que Bezos, Musk o Zuckerberg tienen vetada la entrada. Me atrevería a decir que sus miembros miran a estos nuevos ídolos con cierta condescendencia, como si fueran simples advenedizos, como un rico de toda la vida mira a quien ha ganado la lotería. Esa asociación es la de los Henokiens,[22] una entidad a la que solo pueden pertenecer empresas que cumplan estos tres requisitos: disfrutar de robustez financiera, que la dirección o la mayoría del accionariado siga perteneciendo a la familia fundadora y... ¡tener más de doscientos años de historia! Esto es lo que las hace especiales, su longevidad, de la que se desprende que han sido capaces de superar numerosas situaciones adversas para llegar activas hasta nuestros días.

La asociación de los Henokiens adopta el nombre del longevo personaje bíblico Enoc, que según el Génesis vivió 365 años. Fue fundada en 1981 por Gerard Glotin, presidente de la compañía tricentenaria Marie Brizard, y en la actualidad tiene cincuenta y dos miembros. Cada una de las empresas que la integran posee una historia fascinante, repleta de personajes legendarios y aventuras empresariales que, además de ser interesantes casos de estudio, podrían ser fuente de inspiración para la literatura, la televisión o el cine. En la segunda parte del libro explicaré la historia de algunas de ellas para ilustrar las diferentes propuestas que analizaremos y para que puedas tomarlas, si lo deseas, como referente y ejemplo. Para rendirles homenaje y mostrar mi admiración, de ellos he tomado el nombre para definir esta nueva mentalidad con la que dirigir tu vida, tu proyecto o tu organización.

Ahora bien, los Henokiens no viven de su pasado más o menos ilustre, sino que están arraigados con profundidad en la realidad económica actual y gestionan sus empresas con talento y ambición, navegando entre el conocimiento heredado y la innovación. Dicho de otra forma, no son simples glorias pasadas, sino compañías que han vivido durante siglos y siguen teniendo éxito hoy. No se duermen en los laureles y se esfuerzan de manera constante por lograr más que las generaciones anteriores. Por eso es imprescindible estudiar su historia y sus aprendizajes para aplicarlos a nuestros proyectos y lograr así que estos sean exitosos, fuertes, solventes y capaces de resistir cualquier crisis.

Estas empresas se mantienen con discreción, sin llamar mucho la atención. Con poco ruido y muchas nueces. Rara vez las verás en rankings o grandes titulares. Y, sin embargo, cuando tú y yo ya no estemos aquí (y tampoco estén ni Musk, ni Bezos, ni Zuckerberg), ellas con seguridad seguirán funcionando, cubriendo las necesidades de sus clientes con excelencia y robustez, triunfando en sus mercados locales o globales.

En esta asociación multicultural, multipaís y multisectorial, el poder corporativo o el tamaño no son criterios que se tengan muy en cuenta. Se da prioridad a la solidez. Esto explica por qué entre los Henokiens se encuentran empresas de diferente tamaño y relevancia, algunas con figuras de renombre mundial en sus filas y otras con nombres desconocidos para el gran público.

Dado que no se requiere un tamaño mínimo para ingresar en la asociación, lo que explicaremos a lo largo del libro sobre estas empresas puede servirte tanto si eres una persona emprendedora que está comenzando como si trabajas en una gran corporación con cientos o miles de trabajadores; tanto si diriges un departamento y deseas establecer nuevas políticas como si posees un pequeño negocio familiar que trata de sobrevivir en esta época ACID.

No nos vamos a detener mucho en el segundo de los requisitos, la presencia mayoritaria de descendientes de los fundadores en la dirección o el accionariado. Este es un factor importante para los Henokiens, pero la realidad es que no garantiza por sí solo la pervivencia de la empresa. De hecho, en ocasiones puede ser un hándicap. Seguro que has oído el dicho de «el abuelo mercader, el hijo caballero y el nieto pordiosero», o lo que es lo mismo, la primera generación la crea, la segunda la hace crecer y la tercera… acaba con ella. Pues desgraciadamente no es un mito, sucede con cierta frecuencia.

No es este el caso, por ejemplo, de la empresa armamentística italiana Beretta, fundada en 1526; de la joyería francesa Mellerio dits Meller, abierta en 1613, o de la compañía holandesa de complementos alimenticios Van Eeghen, cuyo origen data de 1662. Todas son empresas familiares y las siguen dirigiendo descendientes directos de los fundadores. Ninguna puede competir, sin embargo, con las sesenta y dos generaciones que han regentado el hotel Houshi Ryokan, que lleva a pleno rendimiento desde el año 718.

Como curiosidad te contaré que la empresa del fundador de la asociación, Marie Brizard, ha dejado de formar parte de los Henokiens, ya que fue vendida a otra corporación y la familia fundadora perdió su privilegio. Como la española Codorníu, que tras ser miembro durante años abandonó la asociación por las mismas razones. En cambio, la empresa francesa Bolloré, dedicada a medios de comunicación, almacenamiento y transporte, es una de las últimas incorporaciones. En las reuniones de la asociación recibe comentarios burlones debido a su juventud... ¡Normal, solo tiene doscientos años recién cumplidos!

Los Henokiens, por tanto, han sobrevivido a conquistas, luchas de poder, cambios de régimen político, revoluciones industriales y tecnológicas, guerras locales y mundiales; a crisis económicas, de liderazgo, de producción, de explotación y de marketing. Y siguen operativas, rentables y mirando al futuro. Sin duda podemos extraer de ellas muchos aprendizajes sobre prevención, gestión de crisis y longevidad trascendente.

Del estudio de los miembros de la asociación Henokiens, de numerosas multinacionales con más de ciento cincuenta años y de incontables entrevistas con empresas *shinise* nace esta nueva fórmula de entender el mundo corporativo a largo plazo, protegido de las crisis futuras, estable, duradero y eficaz. La **mentalidad *henokien*.**

Practicando la mentalidad *henokien*

«Así es como funciona el capitalismo», sentenciaba en marzo de 2023 el presidente de Estados Unidos, Joe Biden, cuando anunció que si bien los depositarios del quebrado Silicon Valley Bank recuperarían su dinero, los accionistas lo perderían todo.

Este banco, con sede en Santa Clara (California) y que al cierre del año anterior contaba con 209.000 millones de dólares en activos y otros 175.400 millones en depósitos,* volvía a agitar el sistema bancario mundial y a provocar el pánico por un efecto contagio. Era el tercer banco en irse a pique en apenas diez días. Silvergate Bank y Signature Bank habían mordido la lona con anterioridad. Los tres habían desarrollado unas políticas de crecimiento expansivas que fueron su sentencia de muerte.

En el mercado del dinero, el más complejo y agresivo del mundo, donde esto sucedía, existen entidades como Monte dei Paschi di Siena, fundada en 1472, Berenberg Bank, que abrió sus puertas en 1590, o el Banco de Suecia, creado en 1668. Estos tres son los bancos más antiguos del mundo, cada uno en su ámbito, general,

---

* Datos de la Corporación Federal de Seguro de Depósitos (CFSD).

mercantil y estatal. Todos han sufrido crisis, ataques, agresiones e incluso atentados. Todos superaron guerras, pandemias, cambios de fronteras y cataclismos económicos. Ninguno de ellos cayó en la crisis de la avaricia de 2008. Ninguno se derrumbó con las burbujas tecnológicas. Ninguno se sintió amenazado durante la crisis de tipos de 2023.

No resistes a las crisis por llevar muchos años. Permaneces frente a ellas porque eres resistente.

Ahí radica la verdadera grandeza de los negocios, aunque para ello es necesario tener la mentalidad adecuada.

En el mundo empresarial actual, cierta filosofía va ganando una batalla desigual. La mentalidad que pone al individuo por encima de la sociedad, que prima el oportunismo frente a la oportunidad legítima, que se enorgullece de los excesos sin tener en cuenta las cicatrices que deja al incurrir en ellos. Una mentalidad de estrés, agotamiento, riesgo y agresividad. De creerse más listo que nadie por tomar con avidez aquello que los demás comparten de manera altruista. De alcanzar el fin por cualquier medio.

Esta mentalidad agresiva y acelerada del pelotazo persigue el crecimiento desmedido y la expansión rápida a expensas de la sostenibilidad a largo plazo. Cuenta actualmente con una legión de seguidores y portavoces que, a través de sus libros, conferencias, escuelas de negocios e intervenciones en los medios, han arrinconado cualquier otra opción en las escuetas notas a pie de página de los noticiarios del mundo. Suelen intentar vender la idea de que ellos son los herederos del espíritu de Silicon Valley que tantos hitos ha conquistado para la sociedad actual. Sin embargo, han deformado sus premisas hasta crear monstruos cortoplacistas y voraces. Los denominaremos *silicon sharks*.

Filosofía del *silicon shark*

Crecimiento rápido e innovación: Las empresas de Silicon Valley se caracterizan por estar centradas en la innovación y la adopción temprana de tecnologías emergentes. Estas compañías buscan escalar rápidamente para dominar el mercado y obtener una ventaja competitiva. En su versión tóxica, crecen por encima de sus posibilidades estructurales y se apalancan para ello en grandes deudas financieras.

Mentalidad de «ganar a toda costa»: La filosofía de Silicon Valley promueve la cultura de la competencia y la orientación a los resultados a corto plazo. Los *sharks* hacen gala de su ferocidad y no dudan en llevar sus compañías a una explotación de recursos incontrolable y en ejercer una presión inadmisible sobre los empleados y el medio ambiente.

Falta de sostenibilidad: A menudo, las empresas que siguen esta filosofía no tienen en cuenta el impacto a largo plazo de sus acciones en la sociedad, el mercado, su propia marca o el medio ambiente. Esto puede resultar en la degradación de los recursos naturales, la exacerbación de la desigualdad y la desconexión con la marca o el producto, así como otros problemas sociales, comerciales y ambientales.

Resultado como consecuencia del empuje: En las compañías *silicon shark* se proclama que ganar dinero, mejorar el estatus social y adquirir reconocimiento se fundamenta en la presión y el empuje de acciones a corto plazo. Tienes lo que eres capaz de provocar, y si mientras ejerces dicha presión dañas tu nombre..., lo cambias (el nombre, no el comportamiento).

Prisma individual y competitivo: Estas compañías miden sus objetivos de manera individual, entienden su empresa como un ente solitario y al resto del mercado (en ocasiones a otros departamentos e incluso a compañeras de trabajo) como un adversario al que batir de manera permanente.

Amantes del riesgo: Entienden el mundo de los negocios como un juego y apuestan (literalmente) por opciones resultadistas, maximizando el riesgo para potenciar el beneficio. Su apología del fracaso constante deja claro su lema oculto: «Cree en mí, y si te equivocas, ha sido tu culpa».

Los adalides de esta forma de actuar y proceder abrazan rebuscados teoremas auspiciados por ejemplos personalistas o anecdóticos (y habitualmente sostenidos en números de facturación, empleados, ventas…). Exponen ejemplos éticos y revolucionarios de Silicon Valley para defender sus premisas, aunque suelen olvidar los fracasos sonados de la vertiente *shark* de los ejemplos.

¿Has oído hablar de Sam Bankman-Fried? Seguramente no. Llamado a ser el próximo Warren Buffett, consiguió la extraordinaria hazaña de llevar su patrimonio de dieciséis mil millones a cero en menos de una semana, según estimaciones de Bloomberg.[23] Pero Sam no está solo. A lo largo de 2022, Forbes observó la caída de unos cuarenta y cuatro fundadores de unicornios (empresas con menos de diez años que, sin cotizar en bolsa ni habiendo sido adquiridas por terceros, alcanzan un valor de mil millones). Checkout, Stripe, Klarna, Canva, Uber, Airbnb o Gemini son solo algunos ejemplos de las compañías que han perdido miles de millones en valoración en los últimos meses. Y eso por no mencionar que con este sistema está probado que actualmente el 91 por ciento de las startups fracasan.[24] Aunque este no será tu caso, por supuesto, en 2022 sí lo fue de empresas valoradas en más de 7,4 billones de dólares. Te dejo aquí una lista de algunas de las quiebras más sonadas de los últimos tiempos[25] para que tengas en cuenta sus causas.

Empresa	Años en activo	Sector	Valor (en millones de USD)	Motivo de la quiebra
FTX	4	Crypto	32.000	Mal liderazgo, mentiras a los clientes y problemas legales
Quibi	3	Entretenimiento	1.750	Errores estratégicos, sobreendeudamiento y falta de capital.
LeSports	9	*Streaming*	1.700	Problemas financieros, estructura sobredimensionada y falta de confianza directiva.
Katerra	6	Construcción	1.500	Problemas de sobreendeudamiento y liderazgo errático.
CommondBond	8	Financiero	1.300	Problemas financieros y estrategia de producto no sostenible.
Nice Tuan	4	*E-commerce*	1.200	Incapacidad para seguir el ritmo de su crecimiento.
Arrivo	3	Transporte	1.000	Incapacidad para atraer nuevos inversores por desconfianza.
Better Place	5	Automóvil	675	Mal liderazgo y estrategia con sobreendeudamiento.

Empresa	Años en activo	Sector	Valor (en millones de USD)	Motivo de la quiebra
Argo AI	6	Automóvil	500	Incapacidad para atraer nuevos inversores al basar su crecimiento en las finanzas y no en el producto.
LendUp	9	Finanzas	366	Falta de ética, engaño a sus clientes y mal liderazgo.
Reali	7	Inmobilia-rio	292	Falta de liquidez, estructura sobredimensionada y falta de inventario.
YunNiao	7	Mensajería	210	Falta de ética y mal liderazgo
Beepi	3	Automóvil	149	Mal liderazgo, altos salarios y gastos elevados.
Juicero	5	Tecnología	118,5	No recepción de *feedback* y elevado coste.
Shyp	5	Transporte	62,1	Incapacidad para seguir el ritmo de su crecimiento.

En el otro platillo de la balanza, las empresas centenarias adoptan una mentalidad poco popular en nuestros días, una forma distinta de entender el mundo que les ha hecho alcanzar el Olimpo dentro del mundo de las organizaciones, pero que siempre se enfrentará a la búsqueda hedonista del cortoplacismo. Son empresas que miran más allá del momento presente. Compañías que, aunque no renuncian a crecer, no se dejan arrastrar por la tendencia *mainstream* de crecer de forma desaforada, cuanto se pueda y sin límite.

Tienen una filosofía «orgánica», que defiende los crecimientos controlados y con sentido. Esto es así porque aspiran al beneficio sostenido y sostenible. Su mentalidad es la del corredor de fondo, no la del esprínter. Son empresas que seguirán facturando millones cuando las empresas disruptivas hayan desaparecido en la próxima burbuja. A lo largo de este libro deseo desgranarte cada elemento de lo que yo denomino «mentalidad *henokien*», pero sirva el pequeño marco general que sigue como adelanto.

Mentalidad *henokien*

Creación de valor a largo plazo: Este enfoque aboga por la fundación de empresas que tengan un impacto significativo y duradero en la sociedad, en el mercado, en la marca, en el pacto compañía-cliente y en el medio ambiente. Este tipo de empresas prioriza la creación de valor para todas las partes interesadas, incluidos empleados, clientes, comunidades y accionistas.

Sostenibilidad: Las empresas trascendentes y largoplacistas buscan soluciones sostenibles y responsables para afrontar los desafíos económicos, sociales y ambientales. Estas compañías a menudo toman decisiones que pueden parecer menos rentables a corto plazo, pero que generan beneficios a largo plazo para el negocio y la sociedad en general.

Cultura y ética empresarial: Estas empresas fomentan una cultura organizacional basada en principios éticos sólidos y en el respeto a todas las partes integrantes del ecosistema de la marca. La transparencia, la colaboración y la responsabilidad social son algunos de sus pilares fundamentales.

Jugar con el tiempo a su favor: En una sociedad que vive acelerada, estamos tan pendientes de aprovechar la última oportunidad que no somos conscientes de lo que seríamos capaces de conseguir con estrategia y planificación y teniendo al tiempo como aliado. Sobrestimamos lo que podemos lograr en un año, pero no nos damos cuenta de lo que podríamos conquistar en cinco con la estrategia y la determinación correctas.

Ver el proyecto como un préstamo: La empresa, el proyecto o el departamento son más grandes que cualquier individuo o grupo de personas. Aquí el papel del directivo se fundamenta en asegurar que la empresa tenga éxito durante su gestión y esté en mejores condiciones cuando la entregue a la siguiente generación. Así es como se construye una empresa duradera cuyo legado perdure más allá de tu vida profesional.

Asegurar el suministro de valor: Estas empresas abrazan la idea de forjar una hermandad con sus clientes, un compromiso de permanencia y una promesa ligada a su constancia. Apuestan por productos con un alto valor añadido, con procesos y metodologías meritorias y con relaciones que tengan sentido.

Las empresas trascendentes y largoplacistas representan una alternativa viable y sostenible a la mentalidad tóxica del *silicon shark*. Al centrarse en la creación de valor a largo plazo y en la responsabilidad social y ambiental, estas empresas tienen el potencial de mejorar la calidad de vida, promover la equidad, generar riqueza y proteger el medio ambiente para las generaciones futuras. Todo lo puedes conseguir modificando tu mentalidad.

¿Tienes un negocio de servicios y sientes la tentación de vender por encima de su valor para hacerte de oro de forma acelerada?

Deberías aprender del bufete de abogados británico Thomson Snell & Passmore, fundado en el año 1570. No les hace falta inflar sus precios, ya que el mercado lleva siglos confiando en la honradez de sus servicios, el rigor de sus conocimientos y la destreza de sus profesionales, lo cual le da ingresos millonarios y un excelente posicionamiento social.

¿Tienes una tienda de muebles y crees que rebajando la calidad conseguirás frenar al gigante sueco del sector del mobiliario? Nichols & Stone te demuestra que, tras más de doscientos cincuenta años operativo, construir muebles para toda la vida y convertirte en un símbolo para miles de familias es la esencia de la longevidad, la reputación y, por supuesto, el lucro.

¿Eres entrenador personal y crees que debes cambiar los nombres (correr, *footing*, *running*, carrera consciente…) de tus servicios para destacar y, de paso, posicionarte económicamente? Entonces, aunque con seguridad estás al tanto de que los gimnasios existen desde el antiguo Egipto, quizá no sepas que, en el Imperio persa, los *zurkhanehs* eran lugares donde los hombres aprendían a ser guerreros. Hoy en día algunos siguen abiertos y realizan los mismos ejercicios ¡dos mil años después! Sin cambiar de nombres, sin marketing, sin sorprendentes giros estratégicos. Convertir estos clubes en centros sociales y equilibrar esfuerzo y gratificación son algunas claves que quizá te inspiren y te ayuden a alejarte de esa perversión actual de estar siempre «a la moda».

En última instancia, la opción ética y responsable de Silicon Valley y la mentalidad *henokien* son las dos caras de una moneda que bien combinadas pueden llevarte al éxito. La elección entre estas dos filosofías no debe verse como un dilema del tipo «todo o nada», sino como una oportunidad para reflexionar sobre cómo cada empresa puede fusionar lo mejor de ambos enfoques y crear un modelo de negocio sostenible y exitoso que beneficie a todas las partes interesadas. Al adoptar una mentalidad más estratégica, intuitiva y consciente, los líderes y emprendedores pueden ayudar a moldear un futuro empresarial más responsable, resistente y con un mayor impacto positivo en las relaciones sociales. Todo ello mientras se alcanza el éxito.

Es hora de elevarte y huir de los tiburones tóxicos, y con el tiempo como aliado, comenzaremos por la esencia de la mentalidad *henokien*: las cuatro decisiones estratégicas.

Las cuatro decisiones estratégicas

¿Qué pueden aportarte las empresas centenarias? ¿Por qué considero que es importante poner el foco en estas empresas y observar sus prácticas?

Principalmente por una razón: porque tienen vocación de perdurar haciendo frente a las dificultades del camino. ¿Existe una definición más clara del éxito?

Son empresas que no renuncian a la innovación ni a incorporar mejoras en sus productos y sus procesos, pero tampoco se dejan obnubilar por la primera idea nueva que se cruza en su camino ni se dejan arrastrar por procesos de reinvención y reposicionamiento frustrantes y agotadores. Quizá no sean tan *cool* como las startups tecnológicas, pero, a diferencia de la mayoría de estas, son compañías sólidas que resisten los cambios y no se desmoronan cuando arrecia la tormenta. Sus paredes no son de paja (o humo), como en el cuento de los tres cerditos, sino de ladrillos firmemente unidos entre sí.

Tener una mentalidad *henokien* implica, además de una declaración de intenciones, un compromiso con la aptitud (conocimientos idóneos), la actitud (comportamiento adecuado) y la *haztitud* (acciones y rutinas eficientes). Las empresas de los Henokien, las *shinise* y otras compañías centenarias han sabido entender esto y brindan su conocimiento, de valor incalculable, a quien desee escuchar.

Tras estudiar más de quinientas empresas centenarias y entrevistar a algunas de las personas que las dirigen hoy en día, he logrado extraer una serie de conclusiones reveladoras sobre la relación entre empresa, crisis y perdurabilidad. Estas conclusiones se resumen en cuatro decisiones estratégicas, que te explico a continuación, y en ocho reglas de oro, que veremos con detalle en la segunda parte del libro. Estas cuatro decisiones son las que requieren las encrucijadas que toda compañía ha enfrentado y que tú deberás abordar en algún momento. Las modas, el beneficio rápido o incluso los consejos de personas cercanas (ya sean profesionales o no) te invitarán a desarrollar unas prácticas que te alejarán del arte de cultivar una cultura o proyecto con el espíritu de un bonsái. Es decir, una empresa que sea sinónimo de fortaleza, belleza, longevidad y abundancia.

Sin embargo, antes de dar paso a ello permíteme que te presente a una persona inspiradora que me dio una idea crucial para este libro. Se llama Kunio Kobayashi, y está considerado la máxima eminencia mundial en el arte de modelar bonsáis. Es el responsable del vivero Shunka-en de Tokio, y bajo su cuidado se encuentran actualmente varios de los árboles más antiguos del mundo. Mientras eliminaba las impurezas de la corteza del pino que preside la entrada de su pequeño edén, un árbol que tiene más de mil años, Kunio Kobayashi me dijo: «Cada bonsái tiene el alma de su maestro, de quien lo ha creado y modelado. Cuidar una de estas piezas requiere cariño, esfuerzo y pasión. Tus decisiones se reflejarán en aquello que otras generaciones observen». Esas palabras me iluminaron para aceptar una verdad que siempre había estado ahí: al igual que Kobayashisan, la persona responsable de un negocio debe tomar decisiones cruciales constantemente. Si acierta, el proyecto permanecerá vigoroso durante cientos de años, en cambio, un error podría provocar un desenlace acelerado. Árbol y empresa son reflejo y proyección de quien los ha modelado, y el liderazgo de esta persona se puede observar en cada matiz de su estructura. Desde el exterior, cualquiera que observa un bonsái centenario o una empresa próspera aprecia su majestuosidad, pero es difícil que llegue a comprender el esfuerzo que requiere alcanzar dicha perfección y las complicaciones afrontadas. Cada elección pone a prueba el futuro de la compañía y su fortaleza para plantar cara a futuras crisis.

Llegó el momento de compartir contigo las decisiones estrategicas que las empresas más longevas del mundo utilizan como principios esenciales y que te ayudarán en tu trayectoria profesional.

PRIMERA DECISIÓN
Prioriza la trascendencia a la inmediatez

Aunque los propietarios de negocios centenarios están de acuerdo en que generar rentabilidad es esencial para su supervivencia, no consideran que maximizar las ganancias a corto plazo sea su prioridad. Para ellos, el objetivo clave es asegurar que su negocio dure mucho tiempo, y para ello lo que hacen es cultivar relaciones duraderas con clientes y empleados.

En el caso de las empresas japonesas, esta mentalidad está contenida en la expresión *hosoku nagaku*, que se puede traducir literalmente como «delgado y largo». La idea es que la longevidad estable es más importante que el dinamismo a corto plazo.

¿Cómo llevan a la práctica esta idea las empresas *shinise*? Veamos algún ejemplo.

Ichiwa es una pequeña tienda de *mochi* (unos pasteles japoneses hechos a base de arroz) fundada por la familia Hasegawa en el año 1000 junto a un santuario en Kioto. Hoy los Hasegawa siguen sirviendo *mochi* tostado a los visitantes del santuario, tras rechazar las múltiples ofertas que les han hecho para expandir su negocio. Su objetivo nunca ha sido ganar dinero rápidamente y luego retirarse o pasar a otra cosa, sino transmitir sus tradiciones de generación en generación y proporcionar a quienes visitan el santuario una sensación única y memorable.

Kaikado, por su parte, es un negocio radicado en Kioto y fundado en 1875. Se dedica con orgullo a vender hermosos botes de té hechos a mano que pueden durar más de cien años. De hecho, algunos de sus clientes han dejado en herencia sus botes de té a las siguientes generaciones al fallecer. Quien compra una lata de té Kaikado compra un legado para su familia, un recuerdo que acompañará a quienes le sobrevivan y que les permitirá trascender a través de la tradición y el recuerdo.

Como se desprende de estos dos ejemplos, uno de los elementos clave de las empresas centenarias para sostener su negocio a través del tiempo es la primacía de las relaciones a largo plazo. Estas empresas son capaces de proteger y aumentar con éxito el valor de sus activos de marca y capital porque se mantienen fieles a su patrimonio y a su tradición. De este modo, la longevidad se convierte en una parte inseparable de su identidad.

Lo resume a la perfección el eslogan de la exclusiva empresa joyera De Beers, fundada en 1888: «Un diamante es para siempre». Este extraordinario y conocido eslogan brilla tanto como la piedra de la que habla, abordando al menos tres perspectivas cognitivas. Por un lado, nos habla de la dureza y durabilidad del diamante, objetivando la buena inversión de la compra como refugio de valor futuro. Por otro, compone una combinación de conceptos, diamante y amor, absolutamente magnífica. De esta manera, Mary Frances Gerety, creadora del reclamo publicitario en 1947, nos dice que al existir un diamante en la ecuación, el amor será eterno. El broche final es que estas cinco palabras consiguen elevarnos a la trascendencia, pues cuando nosotros ya no estemos, la joya podrá ser legada como patrimonio familiar, de modo que el amor por los seres queridos (presentes y futuros) se materializa en un objeto concreto que sobrevivirá a quien lo posee en ese instante. Amor, legado y futuro, ¿quién puede explicarlo mejor en menos palabras?

Huelga decir que cuando el objetivo de un negocio es mantenerse durante mucho tiempo, maximizar las ganancias a corto plazo no es una estrategia coherente. Es preferible desarrollar y nutrir las relaciones con los clientes: ofrecer artículos de alta calidad que sean duraderos, buscar de manera productiva el *feedback* para perfeccionar continuamente los productos y servicios, y, en definitiva, garantizar que los clientes estén contentos y bien atendidos. Su filosofía consiste en permanecer cerca no solo de sus clientes, sino también de los hijos, nietos y bisnietos de aquellos. Estos negocios priorizan ser una constante en la vida de su clientela por encima de los logros puntuales. Se centran en el legado y crean en torno a ello su fortaleza, su solidez. Y, claro está, su defensa ante futuras crisis.

Tu elección debe siempre primar este principio:

> Si quieres un proyecto longevo y no vivir sometido a la agonía del cortoplacismo, centra tu producto o servicio en relaciones y experiencias que vayan más allá del mero intercambio del momento. Pregúntate cómo vas a ser recordado por quien hoy está confiando en ti.

SEGUNDA DECISIÓN
Protege tu propia tradición
y no plagies la de otros

Para los Henokiens es esencial que la cultura corporativa se transmita a sus colaboradores, clientes y próximas generaciones. Los Henokiens entienden que la tradición se forja a través de cómo actúan, los valores que se les atribuyen y la esencia que los identifica. Esto es, las actitudes y comportamientos necesarios para alcanzar el propósito del proyecto deben ser transmitidos, aceptados e implementados como un recurso más del negocio.

Ni que decir tiene que esto es aplicable también a las empresas *shinise*. Los japoneses, en general, aprecian de un modo especial su cultura. Su idioma tiene una palabra, *wa*, que les sirve para referirse a todo aquello que es típicamente japonés (de hecho, Wa es el antiguo nombre de Japón). La utilizan para resaltar que algo es japonés y diferenciarlo de lo extranjero, por ejemplo en:

和風 (*wafuu*): restaurante o comida de estilo japonés.

和室 (*washitsu*): habitación típica japonesa.

和服 (*wafuku*): ropa tradicional japonesa.

和紙 (*washi*): papel japonés.

Esto es significativo, pues denota un respeto por su propia cultura intrínseco y transversal. Los japoneses son conocedores del valor que tienen su tradición y sus particularidades inherentes. Y, con respeto y espíritu de protección, sacan provecho de ellas.

En Occidente es menos frecuente convertir la tradición en un valor de marca. La mayoría de los emprendedores y empresas intentan adoptar poses, comportamientos y vocabularios anglosajones creyendo que así están a la última. Sin embargo, lo que consiguen es desdibujarse y diluirse en una argamasa plana y sin distinciones reseñables.

Las empresas centenarias, en cambio, son fáciles de reconocer y cierran un contrato con sus clientes que expresa algo sencillo: «Aquí tenemos nuestra propia forma de hacer las cosas y la respetamos». Veamos de nuevo algunos ejemplos.

Yamamotoyama fue fundada en 1690 en Nihonbashi, Tokio. La compañía lleva más de trescientos treinta años suministrando al mundo un té verde que está entre los mejores del planeta. Sus envases actuales son modernos, con colores atractivos, con un lenguaje visual cercano, pero no por ello renuncian a su esencia ni a su origen. Sus instalaciones, sus recetas o sus argumentarios están impregnados de tradición para que comprendamos que, aunque pueden adaptarse a sus clientes, tienen una esencia inmutable y siguen formando parte de una cultura arraigada y poderosa.

En Europa también podemos encontrar algunos ejemplos de fidelidad a la propia cultura como valor y activo de la empresa. Es el caso de Hugel & Fils, fundada en 1639, elaboradora de uno de los mejores vinos del mundo. Está en Alsacia, en Francia, donde la vitivinicultura ha sido importante desde hace más de dos mil años. Varias veces estuvo a punto de desaparecer. Primero cuando Alsacia quedó devastada tras la guerra de los Treinta Años, una contienda brutal en la que participaron todas las grandes potencias europeas y que se saldó con ocho millones de muertos. Después a causa de la Revolución francesa, que despobló la zona, y más adelante por las campañas napoleónicas y las enfermedades criptogámicas,* que afectaron de gravedad a los viñedos.

---

* Enfermedades de las plantas causadas por un hongo u otro organismo filamentoso parásito.

A principios del siglo XX, tras el horror de la Primera Guerra Mundial, Frédéric-Émile Hugel decidió honrar la tradición y, tomando las riendas de la empresa de sus antepasados, consagró su vida a producir y promover los vinos alsacianos de cepas nobles. Su hijo Jean, así como sus nietos y bisnietos, han sido fieles a la cultura familiar y alsaciana, y hoy en día sus vinos blancos están entre los más reconocidos del mundo. Lo mejor, para el tema que nos ocupa, es que, aunque hayan obtenido los reconocimientos Vendange Tardive y Sélection de Grains Nobles, la familia Hugel sigue trabajando para hacer cada día vinos excelentes respetando la cultura que ha heredado.

Ahora bien, es fundamental que la cultura y los valores estén no solo en los documentos corporativos o en inspiradores carteles colgados en las instalaciones de la empresa. Por eso, en todas las compañías con las que trabajo procuro contrastar la cultura «teorizada» con la cultura «practicada». Es decir, lo escrito frente a las maneras en que se ejecutan los procesos y los valores que se desprenden de sus operativas. Por desgracia, observo cada día un mayor deterioro en este aspecto, que es de una importancia vital para afrontar cualquier dificultad puntual, más aún en un periodo convulso o un entorno ACID.

Las empresas más longevas del mundo saben que cuando todo es incertidumbre, el camino correcto es la fidelidad a su cultura. Esto ayuda a potenciar el sentimiento de pertenencia interno, el propósito y las buenas prácticas.

Tu elección debe siempre primar este principio:

Fortalece la relación con el cliente y garantiza la pureza del producto o servicio. Tradición y cultura, bien entendidos y aplicados, son aliados del éxito empresarial.

TERCERA DECISIÓN
Incorpora de manera inteligente la tecnología y huye de las modas temporales

Hace un tiempo, unos jóvenes muy inteligentes y con mucha energía vinieron a mi despacho para presentarme una idea revolucionaria: una pizzería inteligente. El proyecto, para el que buscaban inversores, consistía en crear cocinas fantasma y una innovadora app por la que se realizarían los pedidos. Esta app, además, contaría con un sistema de puntos, juegos, contador de calorías, etcétera. Se notaba la ilusión en sus caras mientras me lo contaban. Mi primera pregunta, no obstante, los dejó contrariados: «¿Las pizzas están buenas?». De pronto los vi confusos. No entendían que para mí lo más importante fuera que las pizzas estuviesen buenas cuando, según ellos, la clave estaba en su innovadora aplicación. Así que les expliqué que si el producto era mediocre, la tecnología no sería capaz de sustentarlo por mucho tiempo, por muy innovadora que fuera.

Para las empresas centenarias, la tecnología es una herramienta, nunca un fin. Esta perspectiva es muy oportuna en el contexto actual, en el que todo parece girar en torno a la tecnología. Vivimos rodeados de tantas cosas inteligentes que estamos perdiendo la esencia misma del producto de base. La tecnología debe ayudarnos a mejorar los procesos, no convertirse en el negocio. Nos puede servir para ampliar horizontes y contemplar oportunidades presentes y futuras. También para ahorrar costes, optimizar el servicio o expandir mercados. No obstante, nunca debe sustituir o hipotecar el producto, el servicio o la relación con los clientes.

La tecnología debe estar, precisamente, siempre proporcionando asistencia a los cinco pilares que suelo trabajar en una compañía: producto, procesos, personas, planificación y posicionamiento.* Cada una de estas cinco P puede ser impulsada, optimizada y evolucionada gracias a la implementación de determinados elementos tecnológicos. Incluso cuando tu *core* sea tecnológico, debes entender que el producto o servicio que estás ofreciendo al mundo va más allá de la tecnología: Facebook vende compañía; Uber, confianza; Tinder, esperanza; TikTok, comunidad, etcétera.

En esto, tanto los Henokiens como las *shinise* nos llevan décadas de ventaja. Saben que si la tecnología no te sirve para optimizar la transmisión de tu tradición adaptándose a los nuevos contextos, no es el camino correcto. Si no está al servicio del producto, los procesos, la planificación o las personas, es más un estorbo que una ayuda.

Un ejemplo de implantación inteligente y constante de la tecnología nos lo proporciona Ito Ketto, compañía metalúrgica fundada nada menos que en 1189. En sus orígenes, durante la Edad Media, se desarrolló en Japón un nuevo tipo de horno denominado *tatara* que producía un acero de muy alta calidad. La elaboración de las *katanas* (la espada típica japonesa) era, no obstante, muy lenta, por lo que se fabricaban pocas. Años después, debido a las guerras nacionales y la ampliación de las ciudades, aumentó la necesidad de armas y de lámparas de hierro. Entonces fue cuando Ito Ketto generó dos innovaciones tecnológicas que lo cambiaron todo. Por un lado, el *kanna nagashi*, un sistema para extraer arena de los ríos y drenar un mayor número de partículas de hierro (base del acero, que es una aleación). Por otro, el *tembin fuigo*, un soplador de fuelle accionado con el pie que, por mucho que ahora nos parezca una antigualla, en su momento fue revolucionario porque permitía aumentar la temperatura de los hornos sobrepasando los

* Las veremos con calma más adelante.

límites conocidos hasta entonces. Gracias a estas dos innovaciones se pudo fabricar acero de alta calidad en grandes cantidades y de manera más rápida.

Tal vez te preguntes cómo ha logrado sobrevivir Ito Ketto hasta hoy si la gente ya no necesita sus *katanas* o sus faroles. Pues entendiendo el hierro y el acero como un medio que satisface las necesidades de las personas. Su respeto, casi veneración, por estos materiales les ha hecho entender que la tecnología aplicada a su propósito serviría para crear nuevas soluciones industriales. En la actualidad son una referencia en la producción de piezas y maquinaria industrial y siguen honrando la *tatara* en su logotipo. La tecnología, en su caso, es un medio para fortalecer la relación entre el cliente y el acero.

Otro ejemplo de uso inteligente de la tecnología podemos verlo en Camuffo di Portogruaro. Conocido como el astillero más antiguo del mundo, fue creado en la República de Venecia en 1438. Seis siglos han contemplado su amor por el mar y la búsqueda de soluciones que hicieran del océano un lugar propicio para el hombre. Sus construcciones —recreativas, militares, de pesca o de transporte— han encontrado un equilibrio perfecto que combina la artesanía de un casco de alto rendimiento (ahorra el 50 por ciento de combustible) y el uso de nuevos materiales, aparatos de navegación y tecnología avanzada. El objetivo es ofrecer a sus clientes la mejor experiencia en el mar. La tecnología aporta unos resultados extraordinarios, pero nunca podrá sustituir la sensación de seguridad y confort de navegar en una nave con un casco único, eficiente y heredero de una metodología histórica.

Siempre se oirán cantos de sirena en forma de avances tecnológicos. En 2023 fue la inteligencia artificial; un año antes había sido el metaverso; en 2021, los NFT, las criptomonedas o la realidad aumentada. Todas estas tecnologías eran la gran revolución e iban a transformar los negocios. Salvo anecdóticas excepciones, no fue así.*

Tu elección debe siempre primar este principio:

> La tecnología ha de suponerte una respuesta a un proceso
> que ya tengas dominado en tu negocio y que, gracias
> a ella, puedas ejecutar de manera más eficaz y eficiente.
> Si no es así, probablemente estás dejándote llevar
> por la próxima moda.

CUARTA DECISIÓN
Ante el inmovilismo, acepta el cambio y transfórmate con él

Ni más ni menos que mil trescientos años de historia tiene el hotel Nishiyama Onsen Keiunkan, mencionado unas páginas atrás. Sus aguas termales, su localización y su arquitectura podrían dar a entender, a un observador poco informado, que desde sus orígenes no ha vivido transformación alguna. Pero no es así. El hotel ha ido adaptándose a lo largo de los siglos a los gustos de los consumidores de este tipo de establecimientos. La última gran renovación data de 1997, y en ella se potenció la arquitectura tradicional, que es un factor esen-

---

* Obviamente hubo quien las aprovechó y les sacó rendimiento económico, pero no sirvieron para prolongar la vida y la fortaleza de una compañía, sino para provocar un resultado a corto plazo que con dificultad se mantuvo en el tiempo a nivel global.

cial para los huéspedes, así como el aprovechamiento del entorno. La empresa apostó también por la cocina tradicional y creó menús de inmersión cultural en la zona. Y aún más: eliminó la prohibición de bañarse a las personas con tatuajes. Los tiempos cambian para todos.

Mantener la propia cultura y las tradiciones no significa permanecer ajeno a los cambios. De hecho, las empresas más longevas son las que mejor saben que el cambio es lo único permanente, y que las necesidades, los gustos y los entornos varían a lo largo del tiempo. Aceptan que sus productos o servicios pueden sufrir alguna transformación y que su impacto en el mercado fluctuará. Y, respetando la tradición y el sentido de trascendencia, evolucionan para dar respuesta a las nuevas generaciones y a las nuevas circunstancias. Esta combinación de solidez y flexibilidad es, en concreto, lo que las hace tan resistentes a las crisis.

Veamos ahora un ejemplo europeo. En 1889 nació SCA Compagnie Générale des Établissements Michelin, cuya misión era, en sus inicios, dotar a las bicicletas de neumáticos de goma. A lo largo de las décadas no ha cambiado su producto principal, ya que sigue creando neumáticos, pero sí ha transformado y mejorado los procesos de investigación, producción, distribución, etcétera. Incluso su mascota, el hombre neumático Bibendum, fue objeto de una puesta al día cuando cumplió cien años para adaptarla a las nuevas generaciones. Por cierto, ¿sabes por qué en España llamamos michelines a las lorzas generadas por los kilos de más? Pues sí, por los neumáticos Michelin. Y por su mascota, que es todo michelines.

Otro ejemplo de adaptación manteniendo las raíces es el de Western Union, que nació en Estados Unidos en 1851 como parte de la incipiente industria de las telecomunicaciones y que pronto se convirtió en líder del correo telegráfico. En la actualidad es un gigante de las transferencias monetarias en todo el mundo, presente en doscientos países. Pocas personas saben que fue Western

Union quien en 1935 introdujo el fax, en 1974 lanzó el primer servicio satelital de comunicaciones y en 1982 creó el primer servicio de correo electrónico comercial, EasyLink. La historia de esta compañía, como puedes ver, ha estado marcada por la evolución constante, pero sin perder su esencia.

Es cierto que esta empresa es joven si la comparas con las de los Henokiens, aun así, nos muestra una constante que se repite incluso en las más antiguas del mundo: el mayor deseo de una empresa es que el cliente experimente una transformación tras disfrutar de su producto o servicio, mientras que el mayor deseo de un cliente es que su empresa de confianza se adapte a sus necesidades y a su realidad. El equilibrio entre ambos deseos y el respeto por las premisas anteriores harán que tu negocio tenga una vida larga y exitosa.

Como ves, la transformación empresarial tiene tres grandes motivadores que nos exigen estar vigilantes: la evolución del mercado, el comportamiento del consumidor y la relación con el cliente. Motivadores que están muy presentes en todas las empresas centenarias y que Vittorio Marenghi, responsable de la división comercial de la papelera italiana Cartiera Mantovana, de cuatrocientos años de antigüedad, resume con estas palabras: «El principal desafío de una empresa como la nuestra es saber evolucionar y renovarse para responder a las cambiantes necesidades del mercado, garantizando al mismo tiempo continuidad y coherencia con las profundas raíces del pasado».

Tu elección debe siempre primar este principio:

> Transfórmate respetando el propósito esencial de tu negocio. Todo puede cambiar, salvo el pacto entre la marca y el cliente. Lo más importante no es ser el primero, ni el mejor, sino el adecuado en cada momento.

En definitiva, las cuatro decisiones estratégicas de las empresas centenarias para adoptar una mentalidad *henokien* y tener éxito se pueden resumir en estas cuatro T:

- **Trascendencia**, para que tu producto o servicio deje un legado significativo.

- **Tradición**, para que tu forma de hacer las cosas sea garante de tu excelencia.

- **Tecnología**, para que la implementación de recursos potencie tu impacto.

- **Transformación**, para que los nuevos tiempos te sean favorables y prósperos.

En el próximo bloque del libro vamos a ir un paso más allá. Veremos las ocho reglas de oro que las empresas centenarias siguen a pies juntillas y con las que construyen el escudo que las protege ante cualquier tipo de crisis.

Segunda parte

LAS REGLAS
DE ORO

Cómo ser anticrisis con la mentalidad *henokien*

Siempre me ha parecido fascinante la cantidad de obras que se fundamentan en decirle al lector qué debe hacer. Grandes titulares, ideas que parecen poderosas, reflexiones apasionadas y mucha convicción. En el vasto mundo de los expertos en gestión empresarial abundan los libros que ofrecen consejos y estrategias para triunfar en los negocios. Sin embargo, a menudo se observa una desconexión entre la teoría y la práctica. Decenas de libros, miles de conferencias y millones de opiniones no solicitadas se limitan a decir «qué hacer», dejando al receptor con una visión general de los conceptos, pero sin una guía clara que explique «cómo hacerlo».[*] Yo mismo he sido consumidor de estos mensajes y seguramente emisor de alguno hace años. Vayan por delante mis disculpas.

Soy consciente de que los libros del «qué» suelen desgranar conceptos y principios genéricos que tienden a ser aspiracionales,

---

[*] Esto suele ser porque el profesional sabe cómo lo ha conseguido, pero no cómo crear un modelo replicable.

deseables y atractivos, mientras que los libros del «cómo» resultan en ocasiones tediosos y complejos y emanan un aire de esfuerzo que los convierte en manuales de consulta poco estimulantes. Cuando afronté esta obra me torturaba una pregunta: ¿se puede generar un mensaje aspiracional que contenga practicidad, concreción y aplicabilidad? Una vez más, la historia me reveló la respuesta.

En el siglo XVIII existían dos tipos de vajillas y servicios: los que eran toscos, prácticos y duraderos (de loza o barro), y los de porcelana con diseños cuidados, aunque delicados y poco resistentes. Con total seguridad habrás visto películas o series ambientadas en esa época, donde aparecen los primeros en las tabernas y cocinas y los segundos en banquetes palaciegos y casas nobles (aunque se suele obviar que la mayoría de las piezas estaban melladas o descascarilladas). Hasta que, avanzado el siglo, en 1759, Josiah Wedgwood fundó la compañía que doscientos sesenta años después sigue honrando su apellido. Wedgwood es una empresa británica de cerámica y porcelana conocida por sus productos de alta calidad y diseño innovador. Desde sus primeros tiempos mostró de forma práctica a sus clientes cómo cuidar y utilizar sus productos, pero fue incluso un poco más lejos. Decidió apuntalar un «qué» («se puede tener un producto bello y resistente») con un «cómo» funcional y representativo. Inventó la venta por correo directo y la entrega gratuita, ya que con ello evitaba que los transportistas externos dañaran sus piezas. Ofreció por primera vez en el mundo la garantía de devolución, y con ello generó la percepción de confianza en el producto. Aunque uno de los hitos más sorprendentes lo alcanzó cuando, en 1765, organizó un torneo al que invitó a diferentes personalidades de la nobleza británica. En dicho torneo, Wedgwood retó a los participantes a romper algunas de sus piezas situadas a cierta distancia disparándoles sus flechas. Pocos se atrevieron a probarlo, ya que no deseaban quedar en evidencia errando el tiro, y aún fueron menos los que consiguieron acertar en las piezas. Con todo, ¿quién se lanzaría a exponer sus pequeñas obras de arte y correr el riesgo de que fueran destruidas sino alguien que estuviera completamente seguro de su resistencia? El rumor sobre su extraordinaria calidad se extendió tanto que llegó a la reina Carlota. Apenas unas semanas después, la reina encargó un juego de loza de color crema, del que quedó enamorada. El qué y el cómo se daban la mano creando la leyenda de Wedgwood.

Más recientemente, Microsoft me proporcionó otra pista interesante: ¿sabías que el buscaminas y el solitario no estaban diseñados para jugar o ser entretenidos? Cuando se creó el sistema operativo Windows, los usuarios debían dar órdenes escritas al ordenador para ejecutar acciones (MS-DOS). Por ejemplo, para ejecutar el bloc de notas, había que teclear «c:\windows\notepad.exe». Todo cambió cuando se creó un sistema novedoso basado en el uso de carpetas, archivos visuales en la pantalla y el ratón como periférico. Pero ¿cómo conseguir que la gente se familiarizase con la función de arrastrar objetos y soltarlos en otro lugar de la pantalla? Microsoft podría haber preparado un sesudo manual explicativo, pero prefirió emplear el juego del solitario, en el que debías arrastrar cartas a diferentes montones. ¿Y cómo iban a aprender los usuarios a diferenciar el botón derecho del izquierdo del ratón? Pues con un juego en el que con el izquierdo destapaban los huecos que creían libres de minas y con el derecho ponían banderas de protección donde pensaban que sí podía haber una. No fue el qué (cosa que ya habían hecho Xerox y Macintosh), sino el cómo lo que revolucionó el mundo de los ordenadores en los años ochenta a favor de Microsoft.

Hasta ahora en *Anticrisis* hemos visto la mentalidad que debes adquirir. Hemos ahondado en los diferentes tipos de contexto (VUCAH, BANI y ACID) y en su calidad de generadores naturales de crisis. También te he presentado a las empresas centenarias y te he contado cómo he extraído de ellas la mentalidad *henokien*. Incluso acabamos de ver las cuatro decisiones estratégicas de las empresas más longevas del mundo (Trascendencia, Tradición, Tecnología y Transformación). Ahora bien, limitarme a transmitirte este conocimiento, que espero que haya sido interesante, innovador y ameno, sería limitarme a hablar del qué, y sin duda reaccionarías diciéndome con cierta frustración: «De acuerdo, Rubén, pero ¿cómo implemento esto en mi proyecto?».

Es hora de bajar a tierra la mentalidad *henokien* y explicar una serie de acciones que se pueden aplicar a cualquier negocio, empresa o departamento para resistir las futuras crisis. Cada una de estas premisas está contrastada, analizada, expuesta y avalada por siglos de historia empresarial. Cada una de estas reglas contiene la esencia del aprendizaje centenario. Todo lo que necesitas asimilar para poder ejecutar de manera tangible esta nueva visión empresarial está ahora a tu disposición.

Te presento las ocho reglas de oro anticrisis con aval científico, rigor histórico, ejemplos útiles y directrices concretas. Apoyándome en ejemplos multipaís, multisectoriales y multiculturales, te transmitiré el saber de diferentes compañías, que se convertirán así en mentoras inigualables. Todo el aprendizaje que he adquirido durante años en mis investigaciones de los procesos y características de las empresas centenarias está recogidos en estas ocho reglas fundamentales, que abordan las cinco P de la fortaleza interior de cualquier empresa: producto, procesos, personas, planificación y posicionamiento.

Mi objetivo es que, al finalizar la lectura de este libro, te sientas con la capacidad y la motivación necesarias para aplicar la mentalidad *henokien* en tu proyecto. No deseo solo que sepas «qué hacer», sino también que tengas una idea clara de «cómo hacerlo». Estoy seguro de que siguiendo estas reglas y adaptándolas a las necesidades específicas de tu negocio propiciarás su longevidad y el éxito ante las crisis futuras.

Primera regla
Abraza la templanza

Huye del exceso equivocado, en el momento equivocado y la razón equivocada.

MASAKAZU KONGO,
último CEO de Kongō Gumi,
fundada en 578 (y absorbida en 2006)

Voy a viajar al Japón del siglo XIX. ¿Me acompañas?

*El 9 de enero de 1835 nació en la provincia de Tosa (en la actual pre-
fectura de Kōchi) un niño al que llamaron Yatarō. Su padre, un samurái
apellidado Iwasaki, lo educó en los valores tradicionales del trabajo, la
templanza y la fidelidad al emperador.*

*Cuando creció, el joven Yatarō sintió la necesidad de ampliar hori-
zontes y abandonó su pueblo natal para instalarse en Osaka, donde se
ganó una buena reputación como comerciante de arroz. Inquieto y con
ganas de aprender, en 1860 viajó a Nagasaki, donde trató con comer-
ciantes occidentales, pues por aquel entonces Japón se estaba abrien-
do a Occidente. Allí detectó una gran oportunidad de negocio en el
transporte marítimo de mercancías, así que en 1870 arrendó tres viejos*

barcos de vapor y fundó la Compañía de Correo a Vapor Tres Diamantes, cuyo nombre en japonés se escribe 三菱グループ *y lo conocemos hoy en día como... Mitsubishi.*

Mientras otras compañías navieras se dedicaban al contrabando y la piratería, Yatarō Iwasaki tuvo el acierto de poner sus barcos al servicio del ejército japonés, que los utilizó para transportar a sus tropas, primero hasta Taiwán y poco después, cuando estalló la rebelión de 1877, hasta las costas de Satsuma. O sea, mientras unos pensaban en sacar el máximo partido a un contexto puntual, él trazó una mirada a largo plazo y se posicionó donde pensó que sus activos serían más útiles. El Gobierno, como agradecimiento tras vencer en Taiwán y sofocar la rebelión en Satsuma, le regaló treinta buques, que hicieron crecer la empresa de forma exponencial. Así, en poco tiempo se hizo con el monopolio del transporte marítimo entre Japón, China y Rusia.

No tardaron, en cambio, en llegar las adversidades, en este caso en forma de competencia y de distanciamiento de las autoridades nacionales. Ambas cosas unidas hicieron que disminuyese su influencia en el transporte marítimo internacional. Viendo descender su negocio en el mar, Iwasaki optó por expandir su actividad en tierra firme, comprando minas de cobre y de carbón y arrendando astilleros para construir barcos. La decisión de diversificar los negocios fue clave para su supervivencia y marcó el camino de lo que es hoy la marca Mitsubishi, formada por un conjunto de empresas semiautónomas.

Cuando Yatarō murió, en 1885, su hermano y su hijo heredaron el negocio y lo expandieron a otros sectores de la economía, como la industria pesada, las refinerías de petróleo, los seguros, la banca y, ya en el siglo xx, la fabricación de aviones, automóviles, camiones y autobuses. En nuestros días, Mitsubishi es un conglomerado de empresas que ocupa el lugar cuarenta y uno en la lista Forbes de las quinientas corporaciones más grandes del mundo.

A pesar de su transformación, ha mantenido a lo largo de los años la filosofía «samurái» de su fundador, basada en la moderación y la fidelidad a los valores tradicionales. Nunca ha dejado de crecer (salvo cuando los Aliados la obligaron a fragmentarse tras la derrota de Japón en la Segunda Guerra Mundial), pero lo ha hecho de forma inteligente, sin asumir riesgos excesivos ni sobreendeudarse. Un ejemplo de su modus operandi es la internacionalización de su conocido modelo de coche Colt. Mitsubishi comenzó a fabricarlo en 1962, y fue un gran éxito de ventas en Japón. Se trataba de un utilitario sencillo, sin demasiados extras y que aportaba lo esencial a quien lo conducía. Tuvo tal aceptación que la compañía se planteó comenzar a fabricarlo y venderlo en Estados Unidos. La idea inicial era realizar una gran inversión en posicionamiento, concesionarios, trabajadores y marketing, pero al ver que esto resultaba demasiado arriesgado decidió cambiar de estrategia y buscar la colaboración de algún fabricante estadounidense. Entonces fue cuando contactó con Chrysler, y ambas compañías firmaron un acuerdo de colaboración para producir el Dodge Colt. De esta forma, la japonesa se ahorró el esfuerzo económico de penetración en el mercado americano y no sacrificó la financiación del resto de las delegaciones. Por su parte, Chrysler pudo disponer a un precio muy competitivo de un modelo de utilitario que se acabó convirtiendo en un coche icónico en Estados Unidos.

Templanza en las decisiones

Vivimos una época de excesos. Una época en que lo importante en el mundo empresarial es crecer y crecer sin tener demasiado en cuenta el porqué ni el para qué. En especial, las grandes corporaciones parecen obsesionadas con ese crecimiento, con aumentar trimestre a trimestre las cifras de ventas para aumentar su valor en la bolsa, sobre todo porque si no lo hacen son castigadas con severidad por sus accionistas. Parece que crecer anualmente por encima de los dos dígitos sea una obligación. Para conseguirlo echan mano de todo tipo de estrategias y recursos, habitualmente endeudándose hasta niveles peligrosos para su supervivencia y primando los beneficios contables a los operativos.

En este contexto, las empresas centenarias nos invitan a serenarnos un poco, tomar perspectiva y practicar el sutil arte de la templanza, palabra que, como recoge el diccionario, significa «moderación, sobriedad y continencia». ¿Seremos capaces de detener un momento nuestra frenética actividad y valorar este mensaje de sensatez o seguiremos corriendo como locos hacia el siguiente precipicio?

Soy consciente de que la prudencia y la moderación no están de moda ni son *cool*. Sin embargo, lo que garantiza el éxito y la pervivencia de las empresas no es lo que aparece en los medios de comunicación, sino el trabajo silencioso y a veces oscuro del día a día, la coherencia con el propósito, el respeto de la visión (objetivo último del negocio) y la misión y la revisión constante de los procesos para optimizarlos y adecuarlos a los valores. Tal vez, me aventuro a decir, deberíamos preguntarnos si lo *cool* nos conviene, sobre todo porque lo *cool* no suele aportar la solidez que necesitamos cuando nos sorprende una crisis.

La templanza en la toma de decisiones, en cambio, sí es un buen recurso. Antes de una crisis nos permite construir unos cimientos firmes para que el edificio no se derrumbe, y durante una situación de conflicto grave nos ayuda a no precipitarnos y gobernar con buen pulso la nave.

En las circunstancias en que se acentúa la presión del día a día y la incertidumbre adquiere un peso de plomo es importante que las personas que deciden tengan y mantengan una correcta gestión emocional. Tal como decía santo Tomás, la templanza es una disposición de la mente que contiene los impulsos y conquista nuestros instintos. Para Aristóteles, gran analista del alma, era además el componente que debía acompañar a la inteligencia.

Mantener la templanza es también adoptar una perspectiva o una actitud de control periférico para tomar las mejores decisiones en cada momento. Su importancia es clave. Según una investigación de la Universidad de Stanford publicada por la ingeniera Michelle Florendo en 2018, los errores más habituales a la hora de las decisiones son cinco:

1. Decidir confundiendo la calidad de la decisión con la calidad del resultado.
2. Decidir sin tener información suficiente.
3. Decidir confundiendo tus opciones como fijas y binarias.
4. Decidir en un estado emocional negativo.
5. Decidir tarde por haber pasado excesivo tiempo investigando.

Aplicar la templanza en la toma de decisiones no solo evita catástrofes, sino que nos abre nuevos puntos de vista, igual que actuar sin perspectiva y con precipitación nos hace perder grandes oportunidades. Que se lo digan, por ejemplo, a George Bell. En 1999, cuando era presidente de Excite, el segundo buscador más utilizado del mundo en aquel momento, le ofrecieron la posibilidad de comprar Google por un millón de dólares. Larry Page y Serguéi Brin llegaron a bajar el precio de su buscador a 750.000 dólares. ¿Qué contestó Bell? «No tengo tiempo para esa operación». Tal vez si se hubiese tomado el tiempo necesario para analizar y estudiar aquella oportunidad su respuesta hubiera sido diferente.

Templanza en las decisiones significa aceptar que es preciso observar todas las perspectivas para tener información, visualizar las posibilidades reales posteriores y crear planes de contingencia. Además, y esto es lo más difícil, implica templanza en las emociones. No te dejes arrastrar por la ira, el miedo, el estrés o la frustración en el momento de decidir. Decide desde la calma, con la información precisa y las consecuencias analizadas... Pero nunca tarde.

Templanza en las finanzas

Las empresas centenarias saben que la liquidez es el último bastión en el que se pueden proteger ante los contextos hostiles, por eso realizan sus inversiones y controlan sus gastos con la cabeza fría. Su filosofía no es tanto la austeridad como la prudencia y la evitación del riesgo. Se trata de invertir en aquello que de verdad sostendrá el negocio. ¿Y qué es lo que apuntala un negocio en épocas turbulentas? En esencia, las cinco P de la fortaleza interior: producto, procesos, personas, planificación y posicionamiento.

Este es el orden que debe seguir una empresa en sus inversiones, en especial en épocas complejas (que, como hemos visto en la primera parte del libro, son casi todas):

1. **Mejorar el producto:** Inversiones relacionadas con dar una respuesta más adecuada a las necesidades de los clientes y optimizar la producción para aumentar su presencia con garantías.

2. **Mejorar los procesos:** Inversiones destinadas a corregir los sistemas internos para evitar duplicidades o ineficiencias y aumentar la rentabilidad.

3. **Mejorar a las personas:** Inversiones en formación y capacitación para generar nuevas dinámicas profesionales y con ello incrementar la profesionalidad, motivación y productividad.

4. **Mejorar la planificación:** Inversiones en adaptación al nuevo contexto, modificaciones estratégicas y aprovechamiento de oportunidades de compra o alianzas.

5. **Mejorar el posicionamiento:** Inversiones en marketing y acciones de marca que puedan impulsar la presencia en el mercado.

La tendencia hoy en día es priorizar la inversión en comunicación externa, pero hasta que no hayas satisfecho los primeros cuatro puntos no debes pensar en la publicidad. No debes dejarte arrastrar por tendencias y modas, como el *growth* marketing, que suele centrarse en el crecimiento sin considerar el porqué y el para qué de ese crecimiento. Esto es como practicar la pesca de arrastre pensando que más es mejor y obviando que mejor (público más cualificado) es mejor (más transformación y fidelidad).

Apostar por el perfeccionamiento del producto es el paraguas más eficiente para cuando caen chuzos de punta. Para ilustrar esta idea podríamos explicar millones de ejemplos, pero veamos uno sencillo. La salsa picante Sriracha es un producto creado en 1980 por David Tran, un vietnamita americano que fundó Huy Fong Foods. Tran logró hacer popular su salsa sin invertir ni un céntimo en publicidad, sin equipo de ventas e incluso sin una marca,[26] pues *sriracha* no deja de ser una denominación genérica que, tras su triunfo, utilizaron muchas otras marcas. No verás botes especialmente personalizados, ni un *packaging* sorprendente o anuncios con famosos. La austeridad llega hasta su página web, lo cual sorprende, ya que Huy Fong Foods es un imperio alimentario que factura más de ciento cincuenta millones de dólares al año. La clave de su éxito es la salsa. Los jalapeños con que se elabora se recogen siempre en un estado avanzado de maduración, cuando tienen un intenso color rojo (en crudo, el jalapeño se suele consumir verde). Esto obliga a la compañía a producir el suministro de *sriracha* para todo el año en solo diez semanas, pero es un esfuerzo que les permite lograr una salsa única. Se centran, por tanto, en el producto y los procesos.

A lo largo de su historia, la marca ha dejado que el producto hable por sí solo. Y la gente lo ha hecho suyo, hasta tal punto que se han creado canciones, concursos, vídeos y obras de arte alrededor de esta salsa. De hecho, el videógrafo Griffin Hammond viajó por medio mundo para hacer un documental sobre ella. Estrenado en 2013 y titulado *Sriracha*, ganó el premio al mejor cortometraje en varios festivales de cine, como el NYC Film Food Festival y el Oregon Asian American Film Festival.

La fortaleza de su producto permitió a la compañía superar una importante crisis en 2013, cuando la empresa fue demandada por la ciudad de Irwindale, pues los vecinos se quejaban de los olores de la fábrica. Tran creó entonces un sistema para filtrar los olores (mejora de procesos) y abrió la fábrica a los visitantes con el fin de que vieran con sus propios ojos cómo se elaboraba su *sriracha*, con tours guiados por los trabajadores (mejora de personas). Ahora reciben unos tres mil visitantes cada fin de semana y todos ellos se van a casa con una pequeña muestra de la salsa, lo que hace que el producto esté siempre en manos de la gente.

Hay empresas que se saltan la regla de oro de la templanza y lo pagan caro. ¿Recuerdas que te he hablado en la primera parte del libro de Kongō Gumi? Esta empresa, fundada en el año 578 y dedicada a la construcción de templos, es conocida como la empresa más antigua del mundo. Lo ha superado todo, salvo una cosa: a principios de los dos mil, en pleno boom inmobiliario, la empresa, llevada por la euforia general y por la ambición de sus directivos, se endeudó en exceso para crecer en otros sectores de la construcción.

Su sobreendeudamiento fue un lastre insoportable cuando vinieron las vacas flacas. En 2006 fue adquirida por Takamatsu Corporation y, aunque sigue activa, ha perdido la esencia *henokien*.[27]

Conclusión: incumplir esta primera regla de oro puede acabar contigo incluso si tienes detrás mil quinientos años de historia. Y es que endeudarse «hasta los dientes» para impulsar un negocio casi nunca es buena idea. No suele ser una salida sana y coherente ante las dificultades, sino una decisión guiada por la ambición o una reacción provocada por el miedo. La deuda, tuya o de tu empresa, te obligará a caminar por un alambre de forma permanente, a expensas de los vaivenes imprevisibles de un mundo ACID. Un entorno que, por supuesto, no puedes controlar y que cíclicamente sufre recesiones, pandemias y conflictos internacionales.

Tal vez pienses que ahora los tiempos son diferentes a los de Yatarō Iwasaki, que las cosas van más rápido y exigen asumir mayores riesgos. O que Japón es un país con una idiosincrasia muy particular que se rige por normas que nos son ajenas en Occidente. Pero te aseguro que los negocios no son tan diferentes de un lugar a otro o de una época a otra. Al final se trata siempre más o menos de lo mismo: de cumplir el pacto con el cliente y solventarle una necesidad de la manera más eficiente posible. La templanza del señor Yatarō Iwasaki, el fundador de Mitsubishi, es extrapolable a la mayoría de las empresas de tu entorno actual. Como lo es también la filosofía de nuestras abuelas o nuestras madres, que hicieron de la economía doméstica todo un arte. Ellas conocían una regla básica que ahora muchos parecen haber olvidado: conviene guardar para mañana, no hay que estirar más el brazo que la manga y es preciso ser cautelosos y respetar el principio de «las gallinas que entran por las que salen».

Tener músculo económico propio es clave en épocas de crisis, tanto internas como externas, porque frente a una crisis vas a necesitar tres recursos: tiempo, dinero y energía. No hay otra. Tiempo para entender la nueva realidad, el conflicto provocado, encontrar la solución e implementarla. Dinero para acceder a las alternativas óptimas y asumir el sobreesfuerzo de su ejecución. Y energía para enfrentarte a los contratiempos, los datos negativos, las quejas internas y externas y, por supuesto, el estrés y el estado anímico en general. Hablaremos de recursos como el tiempo y la energía al explicar otras reglas de oro, pero si lo que deseas es disponer de opciones de calidad para tu proyecto, debes asegurarte de tener liquidez financiera.

Crecer sí, pero sin comprometer a las personas ni al entorno

En Europa, de manera inevitable, el éxito de un proyecto empresarial se relaciona con un rápido crecimiento. Si tus ventas no crecen un año tras otro, a ser posible a una razón de dos dígitos (o preferiblemente, con saltos exponenciales), se considera que te has «estancado», lo cual para muchos es el paso previo a la defunción o el cierre de la compañía. Sin embargo, en numerosas ocasiones, un crecimiento rápido no es sinónimo de solvencia y perdurabilidad en el tiempo.

Las empresas centenarias no renuncian al crecimiento, en absoluto. De hecho, muchas de ellas se formaron en sus inicios gracias a apuestas de expansión que resultaron exitosas. Aun así, no ven el crecimiento como un objetivo en sí mismo, sino como un medio para alcanzar metas que pueden ser la mejora de los productos o la de la satisfacción del cliente.

El crecimiento, nos dicen estas compañías, debe responder a unos valores y debe contemplar unos límites. Todos tenemos límites (físicos, financieros, emocionales, medioambientales), y si los sobrepasamos sin ningún control nos colapsamos. Necesitamos encontrar un equilibrio entre los recursos y la energía empleados para crecer y el coste que, a la larga, nos puede suponer el crecimiento.

Por otra parte, una expansión continua no es un seguro para mantenerse en el mercado. En ocasiones incluso es todo lo contrario: el camino más corto hacia la quiebra. Prueba de ello son las vertiginosas caídas de grandes empresas como Blockbuster, Nokia o Kodak. Aunque hay un caso que lo ejemplifica aún con mayor precisión: el de Thomas Cook, la primera agencia de viajes del mundo. Fundada en 1845 en Reino Unido, nació como empresa familiar, pero en poco tiempo se convirtió en un conglomerado empresarial formado por hoteles, aerolíneas e incluso servicios financieros. Un verdadero acorazado de apariencia indestructible, pero con una flaqueza que marcaría su destino: el ansia irrefrenable de crecer y muy poca conciencia de lo que ocurría a su alrededor. Como resultado, la compañía se endeudó en exceso durante bastante tiempo, hasta que en 2019 ya no pudo refinanciarse y echó el cierre. Las consecuencias fueron demoledoras: ciento cincuenta mil viajeros tuvieron que ser llevados de vuelta a casa en la operación de repatriación más grande desde la batalla de Dunkerque.[28]

Hay un nutrido grupo de empresas que han vivido situaciones parecidas. Me viene a la cabeza una compañía española que en su momento gozó de gran popularidad. Me refiero a Galerías Preciados. Su origen se remonta a 1943, cuando el empresario asturiano Pepín Fernández compró una tienda de sedas en plena Puerta del Sol de Madrid. Puso en marcha entonces un ambicioso y agresivo plan de crecimiento que lo llevó a la cima, con la apertura de grandes almacenes en las principales ciudades españolas. Sin embargo, la caída fue tan vertiginosa como el ascenso: se había endeudado de tal modo que se vio obligado a pasar las deudas a los acreedores. Nunca pudo recuperarse de esta situación y en 1994 protagonizó la mayor suspensión de pagos del sector de la distribución en España, con deudas superiores a los sesenta y tres mil millones de pesetas de la época. En sus últimos estertores, la empresa se vio obligada a declarar el cese de operaciones y en 1995 fue absorbida por El Corte Inglés, con el que había tratado de competir desde los años cincuenta del pasado siglo.

No solo los Henokiens y las *shinise* abogan por un crecimiento moderado y sensato, sino que cada vez hay más voces, entre ellas un gran número de académicos y científicos, que defienden una economía que no esté enfocada al crecimiento. De hecho, se habla ya del «poscrecimiento». En 2018, más de doscientos académicos firmaron una carta abierta a la Comisión Europea donde señalaban, entre otras cosas, que «El crecimiento se ha convertido en un objetivo cada vez más difícil de alcanzar debido a la caída de las ganancias en productividad, la saturación del mercado y la degradación ecológica. Si la tendencia actual continúa, puede no haber crecimiento en Europa en una década. Ahora mismo, la respuesta consiste en intentar activar el crecimiento mediante la expansión de la deuda, el desmantelamiento de las regulaciones ambientales, la extensión de las jornadas de trabajo y los recortes sociales. Esta agresiva persecución del crecimiento a cualquier coste fragmenta la sociedad, crea inestabilidad económica y destruye la democracia».[29]

Efectivamente, para las empresas, crecer se ha vuelto más y más complicado.

Este último punto, el del agotamiento de los recursos naturales, es cada vez más relevante. Por un lado, en el momento de escribir este libro estamos viviendo una crisis de materias primas que ha provocado su encarecimiento, con el consecuente aumento de la inflación, y grandes retrasos en la producción de numerosos productos. Por otro, la explotación agrícola está ocasionando una desertificación que ya alcanza cifras catastróficas. Según la Convención de las Naciones Unidas para la Lucha contra la Desertificación (CNULD),[30] algunas regiones del planeta se encuentran en un círculo vicioso de sobreexplotación. En cifras de su informe *Perspectiva global de la Tierra*, publicado en 2022, el 45 por ciento de la superficie del planeta está degradada, lo que impacta de forma directa a una de cada tres personas.

Aproximadamente cincuenta billones de euros, es decir, la mitad del producto interior bruto (PIB) del mundo en 2022, depende en alguna medida del capital natural. El mencionado informe de la CNULD advierte que «nunca antes se había enfrentado la humanidad a tal variedad de riesgos y peligros conocidos y desconocidos, que interactúan en un mundo hiperconectado y cambiante».

No podemos permitirnos subestimar estos datos y las amenazas existenciales que suponen. Ponen en apuros a la humanidad y, por supuesto, a las empresas, que pueden incluso colapsar si persisten en su empeño irracional de crecer sin control.

También la salud de los trabajadores puede verse afectada cuando una empresa destina sus recursos y su energía a crecer desmesuradamente. Según un estudio mundial realizado por la Organización Mundial de la Salud (OMS) junto con la Organización Internacional del Trabajo (OIT), 488 millones de personas estuvieron expuestas en 2016 a los peligros derivados de trabajar muchas horas. Se calcula que para las personas que trabajan cincuenta y cinco horas o más a la semana el riesgo de sufrir un derrame cerebral y el de morir por una enfermedad cardiaca son, respectivamente, un 35 por ciento y un 17 por ciento más altos que para las personas que siguen la norma, aceptada con un amplio consenso, de trabajar entre treinta y cinco y cuarenta horas a la semana. En total, más de 745.000 personas murieron en 2016 a causa de accidentes cerebrovasculares y cardiopatía isquémica relacionados con un exceso de trabajo.[31] Unas cifras que, me temo, han ido a peor en los últimos años.

Shibumi, la elegancia de lo austero

En un capítulo anterior te hablé de la necesidad y la importancia de aceptar la transformación como parte natural de la vida. El cambio es permanente y tiene una vertiente muy positiva, pues hace que tu negocio permanezca vivo, expuesto a una evolución imparable.

Existen muchas formas de afrontar los nuevos escenarios. En un extremo encontramos la impasibilidad total y en el otro, la locura absoluta. Ninguna de estas dos actitudes es buena. La primera, porque los cambios nos obligan a movilizarnos para aprender y evolucionar. La segunda, porque para no quedarse atrás no siempre es necesario transformar todos y cada uno de los elementos que componen la empresa.

Las empresas centenarias adoptan una actitud intermedia. Es decir, también aplican la templanza a la gestión del cambio. Sin histerias innecesarias procuran entender las nuevas formas de vivir de sus clientes y sus trabajadores, las nuevas necesidades del mercado, los nuevos intereses de las personas o entidades que dirigen un país, etcétera. Escuchan su opinión e introducen variaciones y mejoras, sea en el producto (para satisfacer a los consumidores) sea en los procesos y las personas. Pero lo importante es que lo hacen sin retocar un ápice lo que son, su esencia, la razón de ser que las hizo nacer y crecer.

Una empresa que lo ha hecho así es la bodega Alvear, la más antigua de Andalucía y la segunda más antigua de España. Desde 1729 mantiene un carácter familiar, pasando de generación en generación hasta llegar a la actual, que es nada menos que la octava. Como te puedes imaginar, han tenido que transitar a través de numerosos cambios históricos, sociales y económicos, y han conseguido adaptarse a ellos sin renunciar a su esencia y sin modificar su carácter austero y artesano, preservando el conocimiento adquirido y manteniendo su compromiso con la tierra y la vid. De esta forma han asegurado no solo su supervivencia, sino también su éxito y un gran reconocimiento. De hecho, uno de sus vinos, el Pedro Ximénez Solera 1830, alcanzó en 2022 los cien puntos en la prestigiosa *Guía Peñín*.

Los secretos de esta y otras empresas centenarias para afrontar los cambios y salir airosas son, entre otros:

- Estructuras simples, con los mínimos niveles jerárquicos indispensables.
- Desarrollo humano y formación interna de las funciones ejecutivas.
- Flexibilidad y rapidez para tomar decisiones, aunque sin precipitación.
- Actitud receptiva en lo tocante a la modernización, pero siempre al servicio de las cinco P.
- Crecimiento inteligente y coherente.
- Mejora incansable de los procesos productivos.
- Austeridad en tiempos de vacas gordas para capitalizarse y evitar amargos y drásticos ajustes en épocas de crisis.

Respecto a este último punto, una característica que suele ser común a las empresas longevas es que huyen de los excesos y mantienen estructuras de costes austeras. En japonés hay una palabra que sintetiza esta filosofía: *shibumi*, que viene a significar «la elegancia de lo austero». O sea, evitar el derroche y apreciar los valores positivos de la austeridad.

Ahora bien, esta austeridad debe entenderse correctamente. No significa, por ejemplo:

- Abaratar el producto.
- Dificultar los procesos.
- Renunciar a la innovación tecnológica.
- Reducir el bienestar de los trabajadores.
- Eliminar la formación de sus equipos.

Es una austeridad positiva y constructiva, que se manifiesta en prácticas como:

- Analizar cada una de las operativas de la empresa para optimizarla.
- Afianzar el acuerdo compañía-cliente con el mínimo gasto posible.
- Invertir en solidez, no en superficialidad.
- Evitar riesgos innecesarios.
- Invertir en la capacitación de los directivos y los mandos intermedios.
- Anteponer la grandeza de la compañía a ocupar una posición en un ranking.

Es obvio que las empresas de los Henokien y las *shinise* están dirigidas y formadas por seres humanos, por lo que no son organizaciones perfectas. En algún momento de su trayectoria han podido mostrar alguna flaqueza, en especial en contextos históricos que distaban mucho del que vivimos ahora. No obstante, todas ellas defienden un crecimiento medido y controlado, que respete el medio ambiente y no comprometa el bienestar y el sano desarrollo de las personas. Esta filosofía empresarial les ha permitido superar guerras, recesiones, hambrunas y revoluciones tecnológicas, además de errores internos o decisiones desafortunadas. Han sobrevivido a todo y ahí siguen, con una salud envidiable y la determinación de mantenerse en pie algunos siglos más.

La austeridad potencia la creatividad

IKEA fue fundada en 1943 por Feodor Ingvar Kamprad, que falleció en 2018 con noventa y un años y sesenta y cuatro mil millones de euros de patrimonio. Su forma de vida, pese a ser una de las personas más ricas del mundo, era austera, guardando un especial respeto por el medio ambiente y la sostenibilidad. Conducía un Volvo 240 de 1974, vestía ropa de segunda mano y decoraba su casa con muebles de líneas sencillas de su compañía, y su máxima de vida era la misma que aplicaba a su empresa: «Malgastar recursos es un pecado mortal, uno de los mayores males de la humanidad». Aunque algunos lo consideraban tacaño, mi opinión es que gastaba en lo importante. Si algo se podía hacer con igual eficacia y menos presupuesto, siempre elegía esa opción.

Pude comprobar las bondades de esta filosofía cuando hace algún tiempo colaboré con IKEA. Me pidieron que, tal como hago con otras grandes empresas, les proporcionase asesoramiento estratégico acerca de temas cruciales como la satisfacción de los clientes, el bienestar laboral y la capacidad para mejorar los indicadores de venta. Lo habitual en estos casos es recurrir a algunas acciones de presupuesto expansivo que, por lo general, propician resultados casi inmediatos. Sin embargo, esto no encajaba con la filosofía de la empresa sueca, que era la misma que la de su fundador: máxima eficacia con el mínimo gasto.

Aplicando este criterio pusimos a trabajar la imaginación y llevamos a cabo acciones que surtieron un gran efecto. Por ejemplo, celebramos un evento para los empleados en un cine, cuando lo habitual en el mundo corporativo es realizar este tipo de actos en hoteles de cuatro o cinco estrellas. Llevamos a cabo varias iniciativas que se salían de lo convencional y que, por eso mismo, tuvieron gran repercusión. Por ejemplo, en vez de diseñar costosas campañas de marketing, organizamos carreras de velocidad en las que los clientes montaban un sofá cama. Estos, además de divertirse, comprobaban cómo podían transformar el uso de su sofá en menos de veinte segundos. En vez de panfletos y carteles, propusimos degustaciones divertidas de comida sueca. En vez de descuentos en los productos, ofrecimos clases de teatro de marionetas en la zona infantil o guerras de almohadas sobre las camas de la zona de dormitorios.

Todo ello dio como resultado un aumento de las ventas totales, un incremento del tíquet medio, una mayor satisfacción del cliente y un aumento del sentimiento de pertenencia de los trabajadores.

La austeridad inteligente, por tanto, no es en absoluto incompatible con la búsqueda constante de innovación ni con la creatividad. Incluso las promueve y favorece.

Dicha austeridad, que es expresión de la templanza, consiste en hacer las cosas sin poner en peligro el patrimonio material y espiritual que tanto te ha costado construir.

Consiste en no gastar lo que no tienes.

En no dejarte arrastrar por modas y tendencias.

En no olvidar de dónde vienes y por qué comenzaste.

En no perder tu esencia.

O sea, lo que en el fondo eres.

TAKE-AWAYS
Abraza la templanza

✳ Las empresas centenarias han hecho de la templanza una de las claves de su pervivencia.

✳ En el mundo de las organizaciones, y en la vida, la moderación y la contención emocional nos ayudan a tomar las mejores decisiones.

✳ También nos permiten, en un entorno ACID como el actual, tomar cierta perspectiva y no dejarnos llevar por modas o tendencias a corto plazo.

✳ Es decidir pensando en el escenario más propicio a largo plazo y no dejarse llevar por oportunismos arriesgados.

✳ A nivel financiero, «templanza» significa sobriedad, no gastar en lo superfluo e invertir en lo esencial, o sea, en las cinco P: producto, procesos, personas, planificación y posicionamiento.

✳ También significa practicar «la elegancia de lo austero» y capitalizarse cuando las cosas van bien para prevenir futuras crisis.

✳ No hay que renunciar al crecimiento, siempre que no implique comprometer lo esencial ni hipotecar el futuro de la empresa.

✳ El éxito se alcanza con más eficacia a través de la creatividad y no del talonario.

Segunda regla
Sé previsible

La conexión con tu cliente actual brilla en los destellos de tu esencia pasada.

LAURE-ISABELLE MELLERIO,
presidenta de Mellerio dits Mellis,
fundada en 1613

Vamos ahora con un clásico norteamericano: Coca-Cola.

Se ha escrito mucho sobre esta empresa casi mítica. Es bien sabido, por ejemplo, que la bebida empezó siendo un jarabe con fines medicinales. La creó en 1886 en Atlanta un farmacéutico, John S. Pemberton, como remedio para combatir los problemas de digestión y tener más energía. Su contable, Frank Robinson, ideó la marca y diseñó el primer logotipo. Unos años después, en 1891, se unieron a la aventura otro farmacéutico llamado Asa G. Candler y su hermano, John S. Candler. Los cuatro fundaron The Coca-Cola Company. Con una providencial visión comercial, pusieron en marcha un plan para convertir aquel jarabe en una bebida que se pudiera comercializar en bares y cafeterías.

Lo que no sabe tanta gente es que, en su formulación inicial, la bebida contenía extractos de hoja de coca, y que hasta 1903 no se sustituyeron por cafeína. Hoy en día sigue conteniendo saborizantes extraídos de la hoja de coca, que la compañía adquiere con un permiso especial del Departamento de Justicia de Estados Unidos. De hecho, es la única empresa del mundo autorizada a importar, procesar y usar con fines comerciales hojas de coca para la elaboración de su bebida.

Otra cosa que no mucha gente sabe es que, según algunos historiadores, el origen de la bebida no es americano, sino... ¡español! Parece ser que una fábrica de licores española ubicada en la población valenciana de Ayelo de Malferit inventó en 1885 una bebida edulcorada a la que llamó Bebida de Nuez de Kola-Coca, que fue llevada a distintas exposiciones internacionales, entre ellas una que se celebró en Filadelfia. Para zanjar el asunto, Coca-Cola adquirió en 1953 los derechos de este producto original.

La gran marca de Atlanta ha conseguido hitos increíbles a lo largo de su vida: usar uno de los primeros eslóganes de la historia, cambiar para siempre la iconografía del Santa Claus navideño, ser utilizado en obras de Salvador Dalí y Andy Warhol, ser la marca más famosa y más valorada del planeta, o ser el segundo término más comprendido en el mundo, después de OK. Pero no te engañes, todo esto es fruto de una maquinaria perfecta, con una dirección eficaz y un impacto envidiable, en una empresa que ha sabido cumplir el pacto con sus clientes siempre... o casi siempre.

El episodio que más nos interesa de la historia de esta compañía tuvo lugar en los años ochenta del siglo pasado. Los fanes de la aclamada serie Stranger Things quizá recuerden que, en el capítulo final de la tercera temporada, uno de los chicos protagonistas toma una bebida llamada New Coke mientras el resto de su pandilla pone cara de asco. Esta escena es un guiño a un suceso real que se produjo en 1985. Ante el rápido crecimiento de Pepsi, su principal competidora, los de Coca-Cola deci-

dieron, tras numerosos ensayos y pruebas, lanzar una nueva versión de la mítica bebida con una formulación distinta. Esto dio lugar a una airada protesta social. Aunque todavía no había internet ni redes sociales, se crearon grupos organizados como la Sociedad para la Preservación de la Coca-Cola o Bebedores Americanos de la Antigua Coca-Cola. Fue tal el rechazo de los consumidores habituales que la marca dio marcha atrás al cabo de setenta y nueve días. Aceptó que la iniciativa había sido un fracaso y volvió a la fórmula original, que relanzó bajo el nombre de Coca-Cola Classic. Como se suele decir, una retirada a tiempo es una victoria.

Esta anécdota histórica nos demuestra que en determinados productos los consumidores no quieren cambios. Pueden hacerse pequeñas modificaciones en la imagen, en el packaging o en la forma de distribución. Pueden crearse algunas variantes a modo de actores secundarios, como hizo Coca-Cola con la Light, la Zero o la Lemon, pero la original, ¡ni tocarla! Y es que cuando algo funciona hay que manosearlo lo menos posible.

Después del incidente de los ochenta, Coca-Cola volvió a ser, salvo algunos experimentos locales, un producto conocido y previsible. Hoy, la bebida azucarada más famosa de todos los tiempos se comercializa y consume en doscientos países o territorios. O sea, prácticamente en todo el mundo.

Qué significa ser previsible

Muchas empresas, en especial en esta época de revolución tecnológica, cifran gran parte de sus esperanzas de crecimiento y prosperidad en la innovación continua. Buscan sorprender a sus clientes con nuevas propuestas, pues en el ambiente flota la idea generalizada de que todo está cambiando a gran velocidad y es preciso adelantarse a esos cambios para no quedarse atrás.

Aquí vamos a ver un camino diferente. Se trata de una vía que, sin negar los cambios en los gustos y costumbres de la sociedad, hace hincapié en ofrecer productos o servicios que sean predecibles, generen confianza y favorezcan la fidelidad a lo largo del tiempo. Este es un camino por el que han transitado y transitan algunas empresas sólidas con vocación de permanencia e impacto, como veremos a lo largo de este capítulo.

Ser previsible tiene hoy en día cierta connotación negativa. ¿Cómo te sentirías, por ejemplo, si alguien etiquetase de «previsibles» tus ideas, tus propuestas o tus iniciativas? Estoy convencido de que las emociones que se despertarían en ti no serían muy positivas, pues hoy los calificativos que todo el mundo quiere escuchar y que se consideran más elogiosos son «innovador», «sorprendente» o, mejor aún, «disruptivo». Sin embargo, te aseguro que ser previsible a la larga te puede dar grandes satisfacciones. Y te puede ayudar a sortear futuras crisis o plantarles cara con los pies bien asentados en el suelo. De hecho, «previsible» viene de «prever», que no es otra cosa, según el diccionario, que «disponer o preparar medios contra futuras contingencias».

En términos empresariales, ser predecible es sinónimo de seguridad, solvencia, transparencia, tranquilidad y consistencia frente a todos los públicos, externos e internos. En japonés existe un término preciso para referirse a esto: *majime*, que se podría traducir como «algo predecible y serio». En 1968, el psicólogo social Robert Zajonc puso de manifiesto que las personas «preferimos las cosas con las que estamos familiarizadas».[32] La exposición repetida a un estímulo positivo hace que nos sintamos en conexión con él y experimentemos una sensación de agrado; como consecuencia, entre varias opciones tendemos a elegir casi siempre aquella con la que percibimos la cercanía que provoca el conocimiento. Esta es la razón, por ejemplo, por la que las personas solemos pedir siempre la misma bebida en un bar, vestir prendas de la misma marca o cenar a menudo en nuestro restaurante favorito.

Fíjate en estos datos: según el informe *Consistencia de marca*, realizado en 2021 por la consultora Marq, el 68 por ciento de las empresas consideran que la consistencia contribuye entre un 10 y un 20 por ciento al crecimiento de los ingresos.[33] La consistencia genera confianza en los consumidores, que están dispuestos a reconocerla con su fidelidad. Por ejemplo, los datos de una encuesta realizada por Salsify ponen de manifiesto que en Estados Unidos el 46 por ciento de los consumidores está dispuesto a pagar más por marcas en las que puede confiar, un porcentaje que es parecido en Gran Bretaña (47 por ciento) y en Francia (44 por ciento).[34]

En este sentido, no hay nada más gráfico que el ejemplo anterior de la New Coke. La razón de su fracaso es evidente: cegada por la competencia de Pepsi, Coca-Cola rompió la segunda regla de oro: dejó de ser previsible al cambiar un producto que sus clientes consideraban conocido.

Top of mind

Lo primero que le viene a la mente al consumidor ante un problema o una necesidad es encontrar una solución, a ser posible duradera en el tiempo. Si tu empresa consigue convertirse en esta solución y el cliente es consciente de ello, estarás en su *top of mind*.

Este concepto define el posicionamiento estratégico de una compañía en función de la asociación entre lo que ofrece y una necesidad del mercado. Por ejemplo, si te digo que pienses en qué marca sería la primera a la que recurrirías para comprarte tu próximo coche, esa que te ha venido a la cabeza es tu *top of mind*. Este mismo proceso se desencadena en tu mente cuando tienes sed, cuando necesitas servicios jurídicos, cuando buscas literatura empresarial o cuando precisas de un consejo médico. La primera empresa, persona o proyecto en la que piensas en todos esos casos como posible solucionador de tu necesidad es tu *top of mind*.

Por ejemplo, si te hace falta un polo elegante, ¿qué marca se te ocurre? Es posible que Lacoste, una compañía que todavía no es centenaria pero que ya se acerca a serlo (nació en 1933). Su origen tiene un tinte de leyenda: René Lacoste, joven prodigio del tenis, se enamoró de una maleta de piel de cocodrilo, y el capitán de su equipo, para motivarlo, le prometió que si ganaba el siguiente partido se la compraría. El joven René perdió, pero su tenacidad en la cancha le valió el apodo del Crocodile («cocodrilo»). Más tarde mandó bordar la ilustración del estilista Robert George en los polos de su propia marca de ropa, convirtiéndose así en el primero en colocar su logotipo en el producto de manera visible. Por cierto, ¿sabes por qué se llama «polos» a esas camisetas con cuello? Pues porque en sus orígenes se diseñaron para jugar al polo.

Casi un siglo después, cuando compras ropa de Lacoste sabes con exactitud qué esperar de ella: un corte deportivo y favorecedor, una tela de gran calidad y, por supuesto, la distinción del cocodrilo. Previsible, serio y sin grandes innovaciones carentes de sentido. Impecable en su posicionamiento. ¿El resultado? Una marca icónica, reconocible en todo el mundo y con una facturación de más de tres mil millones de euros al año.

Estar en el *top of mind* no siempre va asociado al liderazgo del mercado, pero sí a una percepción de solidez, solvencia y garantía. Las empresas centenarias lo saben y trabajan en su posicionamiento para ser a lo largo de los años la respuesta a una pregunta concreta y permanente: ¿quién puede solucionarme esto?

Top of heart

La multinacional Coca-Cola, de la que hemos hablado al inicio de este capítulo, lleva décadas aludiendo al concepto de felicidad; Marvel se relaciona con la diversión, y Apple, con la facilidad de uso. En los tres casos existe una conexión muy especial entre lo que ofrece la empresa y la emoción positiva que despierta en el usuario. Si logras esta conexión, tendrás lo que se llama «clientes completamente conectados» que querrán consumir tu producto o tu servicio con independencia de su precio. Estarás no solo en su *top of mind*, sino también en su *top of heart*. Lo que les aportas es para ellos más importante que el precio, pues les estás haciendo la vida un poco más fácil (calidad de vida) y les estás proporcionando bienestar (calidez emocional). Calidad y calidez: si les das esto, ni se les pasará por la cabeza irse con otra marca.

Veamos algunos datos que corroboran esta afirmación.

Según una encuesta de Customer Thermometer,[35] el 65 por ciento de los consumidores eligen una marca porque perciben que se preocupa por ellos; el 55 por ciento están convencidos de que la marca que tienen en su *top of heart* influye de manera positiva en el mundo; y el 45 por ciento se sienten comprendidos por esa marca o por las personas que hay detrás.

Por tanto, si consigues llegar al corazón de tu cliente, conectarás con él y lograrás que empatice con tu empresa o tu producto o servicio, que sea consciente de que detrás hay personas como él. Esto, sin duda, hará que se sienta especial, confiado y emocionado. En este sentido, las diez emociones positivas que más experimentan los clientes respecto a sus marcas *top of heart* son: interés (72 por ciento), confianza (57 por ciento), optimismo (41 por ciento), admiración (41 por ciento), aceptación (38 por ciento), alegría (35 por ciento), seguridad (29 por ciento), asombro (25 por ciento), anticipación (23 por ciento) y amor (22 por ciento).

¿Crees que tu marca genera en tus clientes una o varias de estas emociones?

Está en tu mano que así sea. Piensa qué cambios puedes realizar o qué cualidades deberías potenciar, y elige las acciones más adecuadas para que tu cliente se convenza de que, además de ser la solución más eficaz para su problema o necesidad, eres la marca que le hace sentir mejor. La mayoría de los Henokiens y las *shinise* tienen muy asimilado este anclaje emocional y lo estimulan y re fuerzan en cada uno de sus movimientos.

Obviamente esto también funciona así cuando no se ofrecen productos tangibles, sino servicios. En mi caso, las empresas suelen asociar mi nombre a una emoción: entrega. Entrega para dar lo mejor de mí en cada proceso. Entrega para investigar hasta el final la herramienta idónea para su situación. Entrega para acompañarlas hasta el resultado final. De hecho, el nombre de mi empresa principal, WIT, es toda una declaración de intenciones, pues proviene de la expresión empresarial *whatever it takes*, es decir «cueste lo que cueste».

Asociar tu servicio a un *top of heart* es ser fiel a una emoción y construir el impacto de tus acciones en torno a ella. David Ogilvy, uno de los hombres más importantes del mundo de la publicidad, era admirado por su brillantez, pero triunfó porque los clientes lo recordaban por su disciplina. Ser previsible en esto le hacía destacar en el caótico mundo de *Mad Men*. Refuerzo esta idea con otro ejemplo, el de John Branca, un abogado estadounidense especializado en el mundo del espectáculo. Entre sus clientes figuran The Rolling Stones, Michael Jackson, The Beach Boys, Bee Gees, ZzTop o Aerosmith, entre otros, aunque también ha representado a publicaciones como *Penthouse* o *Playboy*. Pero ¿qué emoción puede despertar un abogado en el mundo de quienes pueden contratar a cualquiera? Control: justo aquello de lo que carecen.

Recuerda, esto no es válido solo para los grandes nombres o los productos tangibles, todos podemos asociarnos a una emoción concreta para potenciar nuestra previsibilidad. Eso sí, te recomiendo que escojas una que puedas mantener el resto de tu carrera profesional.

Top of money

Piensa en un fabricante de motos conocido en todo el planeta. ¿Honda, BMW, Harley Davidson? Quedémonos con el último.

Esta compañía estadounidense lleva más de un siglo alimentando su leyenda y haciendo crecer su marca. Fundada en 1903 en Milwaukee, es uno de los dos únicos fabricantes de motocicletas americanos que sobrevivieron a la Gran Depresión (el otro es Indian Motorcycle).

Harley Davidson ha fundamentado gran parte de su leyenda y de su imagen de marca en su poderoso motor y, sobre todo, en el sonido característico que emite cuando sus fieles adeptos aceleran. Podríamos decir que la mayoría de sus clientes comprarían cualquier nuevo modelo que la marca sacara al mercado. Ahora bien, ¿comprarían una moto eléctrica? ¿Renunciarían los fieles a sentir la vibración del motor entre sus piernas y a escuchar su inconfundible rugido?

La respuesta es sí: cuando la empresa lanzó su modelo eléctrico, las unidades se agotaron en solo dieciocho minutos. ¡Y no eran baratas! ¿Quieres saber por qué? Su producto previsible nunca fue el motor, ni siquiera el sonido, sino el sentimiento de pertenencia a un club privado. La conexión con la leyenda de Elvis Presley,

Arnold Schwarzenegger o Marlon Brando. La definición del jinete por su montura. No tienes una moto, tienes una Harley.

El secreto es que Harley Davidson no solo está en el *top of mind* y en el *top of heart* de sus clientes, sino también en el *top of money*. Sus productos han conectado de tal forma con la satisfacción de cada uno de sus usuarios y es tal su sentimiento de pertenencia a la marca que están dispuestos a comprar cualquiera de sus motos, aunque sean unas de las más caras del mercado. Es la constatación de que están pagando por entrar en el club de portadores del logotipo de Harley Davidson.

Esto mismo le ocurre a Koda, empresa originaria de Japón que llegó a California en 1908 con el claro objetivo de dar a conocer sus *mochi*, el ancestral postre nipón. Lo lograron cuidando hasta el último detalle: la tradición, la materia prima, el servicio, etcétera. El resultado es que los clientes consideran que los *mochi* de Koda son los mejores del mundo y no les importa pagar más por ellos.

Para llegar al *top of money* debes realizar un importante esfuerzo para conocer bien a tu cliente potencial, empatizar con sus necesidades y crear un valor que distinga tu producto o servicio y te ponga al frente de sus preferencias. Y no solo eso, también tienes que garantizar tu cumplimiento a lo largo del tiempo. Sé ejemplo de previsibilidad, seriedad y transparencia.

El caso de Crocs

Es posible que en estos momentos estés lejos de convertir tu empresa en una referencia para tus posibles consumidores. Tranquilidad, que no cunda el pánico. Ahora tienes la oportunidad de reconocer que el rumbo no era el correcto y hacer las cosas de otra manera. Analiza tu realidad y corrígela. Tus clientes están ahí, deseando que les demuestres que tu marca merece su confianza. Lo mejor de todo es que si la consigues y te esfuerzas por mantenerla, la recompensa durará para siempre.

Lo fundamental es no pretender ser quien no eres. Y si te has desviado de tu camino, volver a él, como hizo con celeridad e inteligencia Coca-Cola transformando el fiasco de la New Coke en una palanca de ventas de su «nueva» classic. No te ancles en los errores; es mucho más sano soltarlos y realizar los cambios necesarios.

Un caso que ilustra a la perfección el modo de mantener la coherencia y la previsibilidad es el de Crocs. Por si no lo conoces, es el fabricante de esos zuecos con agujeros de aspecto bastante tosco pero comodísimos. Desde su primer lanzamiento, en el año 2002, han sido tachados de antiestéticos, de insulto a la moda y (esta es mi favorita) de «método anticonceptivo cien por cien efectivo». Por si esto no fuese suficiente, la revista *Time* los incluyó en la lista de los cincuenta inventos más feos del mundo.

Muchas otras empresas habrían maldecido el día en que se les ocurrió lanzar tal producto y, por supuesto, lo habrían sacado del mercado o habrían modificado el diseño para hacerlo más «estético». Sin embargo, Crocs no hizo nada de eso. Aceptaron su rareza y la adoptaron como signo de identidad. Quizá nuestros zapatos sean horrendos, pero son muy cómodos, replicaron al mundo. Y sobre esta fortaleza construyeron su éxito. Se convirtieron en una especie de «placer oculto»: mientras todo el mundo los criticaba y renegaba de ellos, sus ventas se disparaban.* ¿Por qué? Porque se mantuvieron predecibles. El que los compraba no buscaba moda, sino comodidad, y sabía que la iba a conseguir.

---

* Incluso crearon un mercado secundario de adornos para personalizar sus zapatos.

Busca la consistencia

Convertirte en el «descanso del guerrero», en un oasis de calma para tus clientes, te da consistencia como empresa. Como consumidores, todos valoramos que un producto, un servicio, una marca o una empresa sean fiables, pues gracias a la tranquilidad que nos da esto podemos dedicar nuestro tiempo y energía a otros aspectos de nuestra vida personal o profesional. De forma consciente o inconsciente, anhelamos que los productos y las empresas sean resistentes y perdurables y se mantengan pese a las adversidades. Por eso es importante que, como empresarios o profesionales, invirtamos en todo aquello que favorezca la consistencia, tanto de nuestros productos o servicios como de nuestra empresa o actividad.

Por supuesto que el marketing y la innovación ayudan, pero siempre que se apliquen con control y respetando lo que ya significas para tus clientes. Lo que rara vez funciona es lo que hizo en 1999 la revista *Cosmopolitan*, que decidió vender un yogur y lanzarlo con la etiqueta de «sofisticado». ¿Un yogur sofisticado? La aceptación del público fue muy baja y un año y medio después se retiró del mercado.

Un ejemplo de lo contrario es el de Disney y sus parques de atracciones. Esta gran marca ha sabido mantener el equilibrio entre la innovación y la experiencia atemporal. Mientras otros parques y empresas de entretenimiento diluyen su identidad tratando de innovar, Disney, que también incorpora increíbles y futuristas escenografías en sus parques, como las de *Star Wars, Vengadores* o *Avatar*, continúa fiel a su esencia, al estilo con el que comenzó a contar sus historias hace un siglo. Esta atemporalidad, la sensación de que, aunque innove con historias y personajes modernos, siempre es Disney, le confiere familiaridad y transmite confianza a sus clientes, que a menudo son también fanes.

Es importante destacar que Disney trabaja para generar esa familiaridad y confianza. No siempre es algo que surja de forma espontánea. De hecho, cuando diriges una empresa o un proyecto es fácil caer en la tentación de cambiar para llegar a más consumidores. Pero es igual de fácil que tu proyecto se desvirtúe con los cambios. Por eso hay que modular adecuadamente cualquier modificación que afecte a la esencia de la empresa y el producto.

Hace un tiempo, Disney se puso en contacto conmigo porque, a pesar de que había logrado un récord de facturación en sus parques y de que la satisfacción de sus clientes adultos iba en aumento, según demostraban sus estudios de mercado, la de los más pequeños disminuía. Esto les preocupaba, como es lógico. «El niño que se va descontento no traerá a sus hijos en el futuro», me dijeron. Y me pareció admirable que se lo plantearan de esta forma, que pensaran a veinte o treinta años vista, en cuando sus clientes fueran adultos y tuvieran sus propios hijos. En toda mi carrera profesional nunca había visto a una organización trabajar con una mirada tan a largo plazo.

Realizamos varias acciones para averiguar cómo satisfacer a los más pequeños de la casa. Una de ellas consistió en recorrer el parque durante varios días sentados en un monopatín para poder observar las instalaciones desde la perspectiva de los niños. Te sorprendería saber cuántos detalles descubrimos que se debían mejorar: huecos decorativos, elementos de mobiliario muy poco prácticos, lineales de juguetes con escaso atractivo, etcétera.

No todas mis propuestas, sin embargo, fueron igual de bien acogidas. Por ejemplo, propuse introducir nuevos personajes o potenciar el papel de los secundarios, lo que generaría *merchandising* y material audiovisual inédito, por ejemplo. Aunque era una propuesta con visos de funcionar, la rechazaron argumentando que por encima de todo querían preservar la «magia» de los parques, para lo cual era imprescindible mantener el protagonismo de los verdaderos y legendarios personajes de Disney. «Si cualquiera puede serlo, nadie lo es»,* dijeron. O sea, decidieron que en este aspecto tan troncal de su personalidad querían seguir siendo previsibles y enfocar su oferta al universo de las princesas Disney.

Desde entonces, siempre que comienzo a trabajar con un cliente, le pregunto: «¿Qué esperan experimentar tus clientes contigo que no pueden vivir de otra manera?» y «¿Qué esperan de ti que te hace previsible en un mercado ACID?».

De tejer kimonos a levantar un imperio

Volvamos a ese fascinante país que es Japón, en esta ocasión a la segunda mitad del siglo XVIII. Era un momento de importante desarrollo económico y social. Las ciudades crecían y en ellas se extendía un interés cada vez mayor por la personalización. Dicho de otra forma, los japoneses y japonesas de las incipientes urbes intentaban resaltar una individualidad que los hiciera diferenciarse del resto. En este contexto, la ropa se convirtió en un elemento imprescindible para conseguir esa singularidad. La prenda más utilizada era el kimono, conocido como *kosode*, que en aquel momento comenzó a evolucionar y a transformarse.

Un artesano llamado Susuke Sozaemon Okadaque, padre de familia residente en la ciudad de Yokkaichi, observó esta transformación social y, aprovechando los conocimientos de su esposa

---

* Este es el motivo por el que los adultos no pueden entrar disfrazados en sus parques.

sobre el mundo de los tejidos, en 1758 creó la empresa Shinoha-raya, dedicada a la comercialización de telas y accesorios para personalizar los tradicionales kimonos. El negocio funcionó y en poco tiempo se convirtió en una empresa familiar, donde Susuke trabajaba día y noche junto a su mujer, sus hijos y algunos de sus hermanos.

Durante años, todos los miembros de la familia tuvieron muy claro el ideario de la empresa: encontrar el equilibrio perfecto entre la tradición que representan los kimonos y la búsqueda de la personalización en una sociedad cada vez más moderna y abierta al mundo. Esta era su oferta y los clientes sabían lo que podían esperar de ellos, por lo que crecieron y se erigieron en referente en su sector, primero en el ámbito local y después en el regional y nacional.

En el siglo XX, la empresa se expandió tanto que acabó siendo una de las compañías con más peso y mayor facturación de Japón, y en la actualidad es un gran grupo compuesto por empresas punteras en diferentes sectores, no solo en el textil: los supermercados, la salud, los servicios financieros, etcétera. Sin duda se ha ganado el derecho a estar en el prestigioso club de las *shinise*, pues cumple con las cuatro T de las que te hablaba antes: trascendencia (dejar un legado significativo), tradición (dar garantías y ser previsible), tecnología (usar recursos que potencien su impacto) y transformación (adaptarse a los nuevos tiempos para prosperar). No lo hubiesen logrado sin tomar las decisiones adecuadas en los momentos críticos, en los que eligieron no ir por el camino rápido de la innovación voraz y el marketing agresivo, sino perdurar en el tiempo con templanza, firmeza y fidelidad a sus valores.

El 21 de agosto de 2001, Aeon (que es como se llama la compañía ahora) publicó un documento titulado *Compromiso empresarial,* toda una declaración de principios e intenciones que recogía esos valores, presentes desde que se fundó la empresa originaria más de tres siglos atrás. Los siguientes párrafos son algunos extractos significativos de dicho documento.[36]

> La innovación, los cambios y la transformación, incluso del nombre corporativo que une a todas nuestras empresas, no puede significar, de ningún modo, alejarse de este principio rector: «Todo lo que hacemos, lo hacemos por nuestros clientes».

> El futuro traerá desafíos a la propuesta de valor de Aeon. Debemos convertirnos en una marca de confianza que se distinga de la competencia y fidelice a los clientes. Para mantener esa lealtad, debemos trabajar cada día para hacer evolucionar la Aeon del futuro, una empresa que se centra con determinación en la creación de nuevo valor para ellos.

> Si nuestros clientes se ven afectados por una norma o reglamento que consideran irrazonable, en Aeon nos esforzaremos por mejorar las cosas para ellos, dejando clara nuestra posición y manteniéndonos fieles a nuestros valores fundamentales.

> Nos comprometemos, a partir de hoy, a hacer todo lo que esté a nuestro alcance para promover e incorporar este código de conducta. Esperamos que todas las personas que forman la familia Aeon se unan a nosotros para compartir este sentido de propósito, desarrollando profundos lazos de confianza entre todos nosotros.

Estarás de acuerdo conmigo en que estos principios son, como mínimo, inspiradores y dignos de ser tenidos en cuenta. Por supuesto, cada empresa es un mundo y cada momento histórico trae circunstancias nuevas, pero si algo he aprendido durante el tiempo que llevo ayudando a compañías de todos los tamaños a salir de fangosas crisis es que el mejor camino es trazar tu propia ruta, ser predecible y no actuar siguiendo lo que dictan otras empresas.

TAKE-AWAYS
Sé previsible

* Todos quienes te rodean, en especial tus potenciales clientes, deben tener muy claro qué haces y qué pueden esperar de ti.
* Tu posicionamiento es un pacto entre lo que tú ofreces y lo que tu cliente espera de ti. Para que vuestra relación sea duradera se tiene que mantener ese *match*, esa unión, a lo largo del tiempo.
* Como consumidores nos gusta que las marcas sean predecibles porque nos dan seguridad y confianza.
* No es tan importante el liderazgo de mercado como estar en el *top of mind*, en el *top of heart* y en el *top of money* de los consumidores.
* La consistencia se logra con coherencia y fidelidad, tanto al producto o servicio como a los valores de la organización.
* Nunca olvides por qué te recuerdan tus clientes.

Tercera regla
Compite contigo mismo

No te centres en superar al otro, sino en convertirte en algo real.

PINA AMARELLI,
presidenta de Amarelli,
fundada en 1731

A principios de 1848 corrió la noticia por Estados Unidos de que se había descubierto oro en las tierras de California. No tardaron en llegar al «salvaje Oeste» los buscafortunas, nada menos que unos ochenta mil en un año. Entre ellos no solo había estadounidenses, también mexicanos, españoles, chinos e ingleses. Todos soñaban con encontrar oro, hacerse ricos y cambiar su vida.

Esta marea humana tuvo una consecuencia decisiva en la historia de Estados Unidos: la construcción del primer tramo occidental de ferrocarril, que llevó al Oeste americano una transformación social y económica sin precedentes y proporcionó a los más osados un mundo de oportunidades. Uno de ellos fue Levi Strauss, un joven emigrante alemán de origen judío que llegó a San Francisco, California, procedente de Nueva

York, donde había probado suerte sin grandes resultados durante algunos años. Como tantos otros, llegó cargado de sueños y dispuesto a trabajar hasta la extenuación para alcanzarlos.

El joven y observador Levi se dio cuenta pronto de que los agricultores, los obreros que construían el ferrocarril y los mineros necesitaban ropa de trabajo que fuera resistente, así que empezó a vender pantalones confeccionados con la lona que se usaba para fabricar las tiendas de campaña. No se conformó con ello y siguió investigando materiales hasta que descubrió un tejido francés de algodón que daba mucha más resistencia a sus prendas, las cuales empezaron a tener un gran éxito.

Un tiempo después, viendo que los mineros se metían sus pesadas herramientas en los bolsillos y los acababan desgarrando, decidió reforzarlos con un doble cosido y unos remaches. También observó que los cowboys perdían los relojes de faltriquera debido a los movimientos propios de su profesión y añadió a los pantalones un pequeño bolsillo delantero, que se conserva en nuestros días, donde pudieran guardarlos. No dejaba de perfeccionar el diseño de sus prendas. Su afán de mejora era incansable.

Strauss consiguió la patente de sus innovaciones y prosperó. Poco después llegó una gran recesión económica que afectó de manera significativa a los sectores de la minería y la construcción. Lejos de hundirse, lanzó un nuevo modelo: unos pantalones de trabajo que se ponían por encima de la ropa. Tuvieron una gran aceptación por su resistencia y su durabilidad. Acababan de nacer los jeans, la prenda de ropa más usada de la historia.

El fundador de la mítica Levi Strauss falleció en 1902. El control de la empresa pasó entonces a sus cuatro nietos, con los que llegó una de las grandes revoluciones de la marca y de la época: el lanzamiento del primer modelo dirigido al público femenino, un mono de corte ancho. La compañía logró ampliar sus ventas e introducirse en sectores de la población que tiempo atrás eran inalcanzables. El estallido de la Primera

Guerra Mundial hizo que este modelo se difundiera todavía más, pues la nueva prenda, resistente y cómoda, era muy útil a las mujeres, que desempeñaban todo tipo de labores mientras sus maridos luchaban en la guerra. Fue a la vez un símbolo del papel cada vez más relevante de la mujer en la sociedad.

El punto de inflexión para Levi's lo marcó a mediados del siglo xx el cine americano, cuando estrellas como Marilyn Monroe y James Dean aparecieron en la gran pantalla vistiendo pantalones vaqueros. Los jeans se convirtieron entonces en un fenómeno de masas entre los jóvenes, en gran parte gracias a la película Rebelde sin causa. Y aunque llegaron incluso a estar prohibidos en algunos estados, poco a poco se fueron extendiendo a todas las edades y sectores de la sociedad.

A partir de aquel momento, los Levi's empezaron a evolucionar en perfecta armonía con cada época y con cada gran movimiento social que se producía. Salieron nuevos modelos fit, de los que se adueñaron diferentes subculturas, como los mods, los moteros o los punkis. Y en los sesenta, toda una generación hippy se vistió con sus modelos de corte ancho mientras libraba una histórica batalla por los derechos civiles y en contra de la guerra de Vietnam.

Los tejanos, como también se los conoce, se han convertido en estas últimas décadas en la prenda más democrática y usada en todo el planeta. Por lo que respecta a Levi's, en la actualidad la compañía cotiza en el mercado de bolsa más importante del mundo, pero lo que la hace única es que ha logrado trascender lo meramente empresarial. La revista Time declaró sus pantalones vaqueros «la prenda de moda más relevante del siglo xx», y el museo MoMA de Nueva York dedicó una exposición en exclusiva a la marca por considerar que ha tenido un impacto definitivo en la historia.

Los errores de pensar demasiado en la competencia

Si te fijas, en ningún momento de este repaso a la historia de Levi's hemos hablado de su competencia, de las empresas que trataron de arrebatarle el cetro mundial de los pantalones vaqueros. Por supuesto que existieron. De hecho, Levi's creó el conocido distintivo de la etiqueta roja para diferenciarse de sus competidores. Sin embargo, donde concentró su energía fue en adaptarse a los momentos que le tocó vivir, intentando mejorar año tras año las prestaciones y la estética de cada uno de sus modelos. Dicho de otra forma, se dedicó a competir contra sí misma, contra su «yo del pasado». Hoy en día, su calidad y su durabilidad garantizadas son sus principales armas frente a la competencia.

Competir contra uno mismo no quiere decir relajarse. Sin ir más lejos, Ronald Coase, premio Nobel de Economía en 1991, señaló en su momento que incluso un monopolio tiene que enfrentarse a la competencia de las versiones de sus productos que ya existen en el mercado.[37] Un claro ejemplo de esto es Samsung. No porque tenga un monopolio, claro, sino porque su reto es conseguir que los consumidores corran a comprar el último dispositivo aunque los modelos anteriores funcionen bien. Samsung perfecciona cada nuevo teléfono (con cámaras más precisas, más memoria, procesadores más rápidos, pantallas plegables más resistentes), pero no se obsesiona con superar a Apple, sino en superar a la Samsung del pasado. La principal competidora de Samsung es la propia Samsung.*

La mayoría de las empresas entienden el mercado como una jungla donde deben competir con ferocidad con otras marcas de su

---

* De ahí su apuesta, por ejemplo, en los teléfonos plegables.

mismo sector. Esta competencia, en muchísimos casos, acaba por ser insana y atravesar la fina línea que demarca los límites de la ética. Unos límites que se vuelven difusos cuando se trata de conseguir cifras de facturación más altas o más relevancia que los competidores.[38]

El problema no es solo que algunas empresas sobrepasen esos límites, sino que emplean tanta energía en tratar de aventajar a su competencia o de mantenerse por delante que pierden la noción de qué es lo importante, a saber:

- Conocer a fondo su producto. Tener claras sus virtudes y carencias para potenciar las primeras y subsanar las segundas.
- Conocer a fondo a sus clientes potenciales, sus necesidades, sus anhelos, sus problemas y los cambios que se están produciendo en su entorno.

Cuando una empresa está más pendiente de competir contra otros que de mejorar ella misma se resiente su fortaleza. También la salud de las personas que la componen. Un estudio, avalado por la OMS, sobre el efecto de la competencia en el sistema cardiovascular concluye que la presión arterial y la frecuencia cardiaca, que tienen relación directa con el estrés y la ansiedad, aumentan mucho más cuando las personas compiten con otras personas que cuando compiten consigo mismas.[39] En otro plano, la «salud cardiovascular» de la empresa se resiente también, pues la compañía empieza a sufrir un exceso de estrés que pronto se transforma en problemas de todo tipo.

En efecto, centrarte en competir con otros puede provocar errores fatales en la toma de decisiones. En el capítulo «Sé previsible» ya vimos el ejemplo de la New Coke, cuyo lanzamiento generó un gran rechazo y hubo que volver a la bebida original. Fue uno de los errores más sonados de la historia de Coca-Cola, que estaba más pendiente de Pepsi, su gran competidor, que de fortalecer el vínculo emocional y mental con sus consumidores.

Ahora bien, quien esté libre de error que tire la primera lata. También Pepsi tuvo un tropiezo similar. En 2002, intentando anticiparse al inminente lanzamiento por parte de Coca-Cola de una bebida con sabor a vainilla que buscaba atraer al público adolescente, Pepsi creó otra llamada Blue. Loca por adelantarse, quemó sus naves anunciando en televisión la nueva bebida un día antes de que Coca-Cola sacase la suya. ¿Resultado? Pepsi Blue fue un sonado fracaso. Sin duda ambas se precipitaron. La Coca-Cola con vainilla tampoco tuvo demasiado éxito, aunque siga a la venta hoy en día. El miedo a quedarse rezagada tras su máximo competidor le hizo tomar una decisión precipitada y equivocada.

Otra muestra es la de Olivetti. Esta marca italiana, fundada en 1908, estuvo durante mucho tiempo a la vanguardia del desarrollo tecnológico. Además de sus conocidas máquinas de escribir, fabricó calculadoras electrónicas, desarrolló el primer ordenador de mesa y creó el primer *netbook* de la historia. Sin embargo, la ambición y el ansia por mantener el monopolio de sus productos la llevaron a tomar una mala decisión: desarrollar un *software* cerrado incompatible con el resto de los ordenadores. Esto generó enormes costes a sus clientes, muchos de los cuales querían hacer compatibles sus sistemas. Olivetti habría podido prever este efecto si se hubiera preocupado de conocer bien las necesidades de sus clientes y su entorno. ¿Resultado? La empresa terminó saliendo del negocio de los ordenadores y dedicándose al de las cajas registradoras. Y a nadie se le escapa que el tamaño de este segundo mercado es bastante más pequeño que el del primero.

Y un caso más, este bastante gracioso (no para los propietarios de la empresa, claro). Se trata de la marca de bicicletas estáticas

Peloton, que durante el confinamiento de 2020 alcanzó niveles históricos de ventas, cuota de mercado y rentabilidad. Tanto es así que en 2021 sus responsables decidieron dar una estocada definitiva a Bowflex, Echelon y NordicTrack, su competencia, con una campaña de *product placement* en la nueva temporada de *Sexo en Nueva York*, que millones de personas esperaban con ansia en todo el mundo. Pero se cegaron y cometieron un grave error: acordaron la colaboración sin leer la trama del episodio, en el que uno de los personajes (y perdón por el *spoiler*) tiene un infarto sobre la bicicleta y muere. ¿Qué pasó? Pues que después de emitirse el capítulo, las acciones de la compañía cayeron un 16 por ciento. Para una parte del público, el mensaje había sido: «Las bicicletas Peloton causan infartos».

Los responsables de la marca corrieron a emitir un delirante comunicado firmado por una doctora en el que aseguraban que el infarto se había debido a la mala vida que llevaba el personaje y que su bicicleta, lejos de provocarle la muerte, podía haberla retrasado. Consiguieron frenar la caída y remontaron un insuficiente 7 por ciento. No obstante, ya se sabe que los errores nunca vienen solos. Otra vez de manera impulsiva, subieron un vídeo en el que se veía al actor «infartado» disfrutando con su monitora de *spinning* y contando ante la cámara que la muerte del personaje había sido una coartada para disfrutar en secreto de una vida amorosa y sana junto a la joven. ¿Qué podía salir mal? Pues todo. Además de ser tachado de machista y ofensivo, a los pocos días Chris Noth, el actor, fue acusado de abuso sexual por dos jóvenes actrices. Las acciones de Peloton comenzaron entonces una caída en picado y han perdido ya el 93 por ciento de su valor de entonces.

Agatsu, la victoria sobre uno mismo

Las empresas más longevas del mundo no basan su estrategia o sus iniciativas en lo que hacen sus competidores. Los observan y prestan atención a sus operaciones, pero no los toman como una amenaza, sino como una fuente de información. Su objetivo es competir con ellas mismas, comparar sus últimos resultados con los anteriores e intentar superarlos. De esto nos habla el concepto japonés de *agatsu,* que significa «victoria sobre uno mismo».

Quizá esta estrategia no te lleve nunca a alcanzar el número uno en ventas o facturación, pero sí te ofrecerá la posibilidad de mantenerte en lo alto durante mucho tiempo. Además, ¿tan importante es ser el número uno del ranking? ¿Qué dice en realidad eso de ti y de tus productos o servicios? ¿Ser la número uno significa ser la mejor? ¿No estaremos idealizando la figura del ganador, como si todo se redujera a una competición deportiva?

En realidad, muchas veces el éxito no se consigue por ser el número uno, sino por inspirar y provocar un impacto en las personas. Un ejemplo fantástico, ahora que menciono el mundo del deporte, es el de la suiza Gabriela Andersen-Schiess, que terminó en el puesto treinta y siete en la maratón femenina de los Juegos Olímpicos de Los Ángeles en 1984. En el reportaje titulado *Una final de maratón inolvidable,* la propia Andersen-Schiess relata cómo vivió aquella carrera: «En ese momento corríamos en un grupo, entre el décimo y el decimoquinto puesto. Miraba a las mujeres que teníamos por delante y sabía que no podía correr con ellas, que no era tan buena, que no todo el mundo puede ganar». A medida que se acercaban a los últimos seis kilómetros de la prueba, su cuerpo comenzó a fallarle debido a la deshidratación y al intenso calor. Entró en el estadio y recorrió la recta de meta tambaleándose de un lado a otro de la pista, caminando a duras penas, pero con una increíble determinación, ante el público del estadio puesto en pie, aplaudiendo y lanzándole gritos de ánimo. Su imagen atravesando la línea de meta y desplomándose exhausta en brazos del personal médico dio la vuelta al mundo y todavía hoy, al revisar el vídeo del final de la carrera, estremece. Si no lo has visto o no lo recuerdas, te animo a buscarlas en YouTube.

¿Quién ganó aquella maratón? Por supuesto que la corredora que se colgó la medalla de oro, que tuvo un mérito enorme. Pero nadie se acuerda de que su nombre era Joan Benoit, porque aquella final será recordada para siempre por la proeza de Gabriela Andersen-Schiess y su inspiradora actitud de luchar hasta el final y darlo todo. Ella forzó que en las carreras se incrementaran los avituallamientos, pero sobre todo, inspiró a miles de mujeres a correr la prueba olímpica por excelencia: La Maratón.

En el mundo de la empresa se encuentran numerosos casos que demuestran las bondades de competir con uno mismo frente a competir contra otros. Destaca el de Amazon. Un estudio historiográfico que analiza las cartas a los accionistas de Amazon durante veinte años (1997-2016) identifica los rasgos distintivos de la cultura empresarial de la compañía, que le han permitido convertirse en una de las organizaciones más innovadoras del mundo. Las conclusiones señalan los cuatro temas dominantes que aparecen de forma reiterada en las cartas: mentalidad del primer día, centrarse en el cliente, enfocarse en el capital humano y competir contra uno mismo. Es decir, Amazon piensa en sí mismo como su único competidor. Así se desprende de frases como estas:

> Estamos decididos a nivel interno a mejorar nuestros servicios […] antes de vernos obligados a hacerlo.

Nos desafiamos a nosotros mismos, no solo para inventar características de cara al exterior, sino también para encontrar las formas más eficientes de hacer las cosas internamente, aspectos que nos harán más eficaces y que beneficiarán a nuestros empleados de todo el mundo.

Estas dos afirmaciones de los directivos de la compañía describen muy bien su mentalidad y la filosofía con la que han llegado a ser el gigante empresarial que todos conocemos.

Otro ejemplo de continua mejora interna es el de la cerveza Guinness, creada en 1759 y caracterizada por su intenso color negro y su consistente y espesa espuma. Se trata sin duda de una de las bebidas más icónicas del mundo y, como sabrás, se suele tomar sobre todo en los pubs irlandeses que hoy en día existen en muchísimas ciudades. Su creador, Arthur Guinness, empezó produciendo cervezas de tipo *ale*. Obsesionado por mejorar su producto, tardó cuarenta años en desarrollar su West Indies Porter, antecedente de la actual *stout*. Hasta mediados del siglo XX la Guinness no adquirió su textura definitiva, que debe a la combinación de nitrógeno y dióxido de carbono en la cerveza.

La empresa nunca dejó de invertir en avances, tanto del producto como del posicionamiento. Fue, por ejemplo, la primera marca en apostar por la ciencia cuando contrató a Thomas Bennett, licenciado en Ciencias Naturales en Oxford para desarrollar su laboratorio de investigación; en crear barcazas personalizadas para transportar su cargamento por el río Liffey; en lanzar campañas de marketing en la prensa con sus icónicos carteles luciendo el eslogan «Guinness is good for you»; incluso en diseñar el primer artilugio que nitrogenaba la Guinness de lata para mantener el sabor suave y cremoso. Por cierto, en los Queen's Awards de 1991 este último invento recibió más votos que internet como el mejor de los últimos cuarenta años. Hoy la compañía sigue explorando nuevos límites y superando su yo del pasado.

Existen otras dos estrategias para competir con uno mismo. La primera es la creación de supraproductos y subproductos. Esto último es lo que hizo la casi centenaria Mercedes Benz cuando lanzó el modelo Clase A, un vehículo con un precio inferior al resto de los coches de la enseña alemana (clases C, E y S). Pese a los temores iniciales, el Clase A se posicionó como el coche pequeño mejor y más caro, contribuyendo a la leyenda de Mercedes como el fabricante del mejor modelo para cada uno de los segmentos del mercado. Este subproducto servía de puerta de entrada a nuevos usuarios y daba respuesta a aquellos que deseaban formar parte de la compañía y hasta ese momento no habían podido permitírselo. Pese a que existe la posibilidad de que algunos clientes renuncien a la compra de un producto más elevado, la marca suele salir ganando en esa competición interna, puesto que abrir el acceso atrae a un número mayor de posibles futuros fanes.

Respecto a los supraproductos, suelen encontrarse en marcas tradicionalmente asequibles que deciden poner en el mercado artículos para sus clientes previamente fidelizados. Este tipo de objetos o servicios deben dar un salto real en la calidad de los componentes o características que los conforman, pero respetar la esencia de la colección que ha permitido que dicha marca sea conocida y apreciada. Es el caso de la gama Stockholm de IKEA, los elementos decorativos de Swarovski o incluso la gama AMG de la mencionada Mercedes Benz.

Lo más curioso de explorar los subproductos o supraproductos es descubrir que pueden acabar transformándose en el elemento estrella de la marca, como le sucedió a 3M con sus Post-it (en sus inicios la empresa vendía papel de lija industrial) o a Colgate con la pasta de dientes (antes vendía jabón, velas y almidón).

Por otro lado, la última estrategia de autocompetición es crear una segunda marca. En este caso se sigue la misma premisa que con los productos, pero lo que se genera es un concepto diferente y reconocible. American Tourister, por ejemplo, es una segunda marca de la centenaria Samsonite. La compañía telefónica O2 es una submarca de Movistar. Los neumáticos Tigar lo son de Michelin y Massimo Dutti es una supramarca de Zara (Inditex).

Introducir una segunda marca en la misma categoría es un buen recurso cuando se cumplen estas condiciones: que los clientes que pertenecen a cada segmento no deseen mezclarse entre ellos porque se identifican con tipologías de consumo diferentes; que el posicionamiento de cada marca se deba a los atributos que los consumidores ven correlacionados de modo negativo; que exista un fuerte mecanismo de gobernanza de múltiples marcas, para garantizar que las marcas sean monitoreadas contra la fluencia no deseada de la marca; que la red de valores, es decir, el conjunto de actividades para diseñar, desarrollar, producir, comercializar y distribuir las dos marcas, haya sido examinada a fondo para ver dónde se necesita crear la diferenciación entre las marcas para los clientes, y dónde se puede combinar, para obtener economías de escala; y, por supuesto, que el costo de administrar las dos marcas sea menor que los beneficios de las ventas adicionales generadas por tener ambas.

Un ejemplo para poder analizar la introducción de las submarcas es el papel de Nestlé en la guerra por el mercado del café en cápsulas. ¿Su enemigo? La propia Nestlé. Hace más de treinta años que la compañía suiza sacó a la venta el sistema para hacer café en casa a través de contenedores de un solo uso. Nespresso era una marca prémium, con sabores intensos y nombres que evocaban el arte barista italiano. El sistema de cafeteras era costoso pero imprescindible para acceder a aquel nuevo mundo que nos descubría

George Clooney con su «What else?». No obstante, había un público que no podía permitirse el gasto que suponía y, ante el surgimiento de competencia que apostaba por precios más populares, Nestlé creó Dolce Gusto. Esa jugada maestra les ha permitido dominar ampliamente el mercado atendiendo necesidades de dos tipologías de compradores diferentes, con diferenciación suficiente, pero pudiendo generar economía de escala.

Kaizen

Competir con otros nos lleva a aceptar sus reglas del juego, lo cual es un impedimento para la creación, mejora e innovación. Competir con nosotros mismos, en cambio, potencia nuestra innata capacidad creativa. Veamos un ejemplo curioso, el de Richard Douglas Fosbury.

El bueno de Rick era un atleta de 193 centímetros que nunca había ganado una competición internacional en su especialidad, el salto de altura. Todos sus rivales usaban una técnica de salto llamada *straddle* o rodillo ventral, pero él, después de probarla en sus inicios, decidió que no se adaptaba a sus capacidades y con dieciséis años empezó a entrenar con una nueva técnica. En lugar de replicar lo que hacían los demás descubrió, gracias a su entrenador, que una joven canadiense llamada Debbie Brill había desarrollado una técnica propia consistente en saltar de espaldas al listón en lugar de hacerlo de cara. El Brill Bend se ajustaba perfectamente al físico de Fosbury, y este no solo lo asimiló, sino que lo entrenó y depuró hasta la perfección absoluta. Con aquella técnica inédita derrotó a Gavrílov y Carruthers en la final olímpica de 1968. Su salto de 2,24 metros logró un récord olímpico y, sobre todo, cambió la historia del salto de altura, pues muchos otros saltadores adoptaron el Brill Bend en los siguientes años. Fosbury no llegó a clasificarse para los siguientes juegos, pero cambió su deporte para siempre* al entender que su cuerpo, características y habilidades requerían dejar de seguir las normas y adquirir una nueva forma de hacer las cosas.

Existe una palabra japonesa para referirse a la mejora continua, *kaizen*, cuya traducción literal es «cambio a mejor». El *kaizen* es también una filosofía de trabajo que nos invita a progresar día a día en todo lo que hagamos en nuestra organización, nuestras relaciones o cualquier ámbito de nuestra vida. En el mundo de la empresa es bastante conocida, pero no está de más repasarla brevemente aquí para quienes no hayan oído hablar de ella.

Su origen se remonta al final de la Segunda Guerra Mundial. La industria japonesa se enfrentaba por entonces a muchos problemas, por lo que se decidió crear la Unión Japonesa de Científicos e Ingenieros (JUSE), que invitó a William Edwards Deming y Joseph Juran a varios de sus seminarios. Estos dos economistas crearon una nueva metodología para optimizar el sistema empresarial japonés, basándose en conceptos como el compromiso y la disciplina en todos los niveles de la empresa. Fusionaron a la perfección una visión más racional y fundamentada en estadísticas con la cultura tradicional y la inteligencia emocional japonesas. El resultado fue muy eficaz, y en pocos años el país se convirtió en una potencia económica mundial.

La metodología *kaizen* requiere de disciplina y apertura mental para reconocer en qué lugar nos encontramos y cómo podemos avanzar. Las grandes transformaciones deben ser impulsadas por el

---

* Aunque el primer deportista en ganar con la nueva técnica fue Fosbury, Debbie Brill fue quien la inventó, por lo que te sugiero que honremos juntos el Brill Bend. ¿Puede ser el «Fosbury flop» una de las mejores historias de *benchmarking*?

equipo directivo de una compañía y siempre de arriba abajo en su jerarquía. No obstante, la mejora continua debe partir de todos los miembros de una empresa, a través de pequeños cambios que introduzcan mejoras permanentes.

Estos son los cinco pasos básicos para implementar la metodología *kaizen* dentro de un proyecto:

1. **Seiri** («clasificar»). Debes ser capaz de diferenciar lo que es útil de lo que no. Desecha todos los elementos innecesarios para realizar un trabajo y quédate solo con aquellos que te van a ayudar a alcanzar tu objetivo. También puedes revisar procesos o incluso componentes de tu producto y servicio y descartar aquellos que no son útiles, se han quedado obsoletos o son prescindibles.

2. **Seiton** («organizar»). Organiza y ordena los elementos que no has desechado; asígnale un nombre y una ubicación fija a cada uno de ellos. Con este paso conseguirás minimizar los tiempos de búsqueda, evitando esfuerzos innecesarios. En tu producto o servicio el *seiton* te puede servir asimismo para generar protocolos, operativas identificables o asignación de tareas sencillas y reconocibles con facilidad.

3. **Seiso** («limpiar»). Mantén limpio el espacio de trabajo a diario. Así mejoran el ambiente de trabajo, el bienestar de los colaboradores y, en última instancia, la calidad de tus productos. Si eliminamos la «suciedad» de los productos o servicios conseguiremos ser más relevantes, productivos y rentables.

4. **Seiketsu** («estandarizar»). Consiste en generar rutinas de control de las imperfecciones que se producen debido al propio procedimiento, a la falta de atención o a la costum-

bre. Es esencial reservar momentos en la agenda para realizar esas revisiones, tanto en el espacio físico de trabajo como en nuestros hábitos, pautas o rutinas, en la forma en la que desarrollamos y entregamos nuestros productos y servicios, etcétera.

5. **Shitsuke** («autodisciplina»). La mejora continua requiere de autodisciplina, tanto en el trabajo como en el hogar. Se trata de convertir la filosofía *kaizen* en un hábito.

En realidad, esto es justo lo que hacen las empresas *shinise*. En la confitería Shogoin Yatsusashi, fundada en 1689, la tienda de muebles Kubota Mirendo, fundada en 1883, o la editorial Yanagihara, fundada en 1740, lo tienen claro: «*Kaizen* es simplemente nuestra manera de hacer las cosas».

La excelencia está a un solo giro de distancia

Empezamos este capítulo hablando de Levi's. Una de las mayores virtudes de esta gran compañía es que sus productos, a pesar de la inabarcable competencia que ha ido apareciendo a lo largo de su historia en todo el mundo, siguen siendo identificables. Han logrado mantener una identidad sin dejar de mejorar, de superar a su yo del pasado.

Como muestra de su afán por superarse a sí mismos están sus pantalones para ir en bicicleta. Aunque no son uno de sus productos más emblemáticos, tienen una curiosa y larga historia. En 1895, viendo que los obreros se desplazaban en bicicleta (y no en caballo o carreta, como hasta entonces), Levi's sacó al mercado unos pantalones cortos vaqueros de diseño rompedor que tuvieron muy buena acogida. Como curiosidad, ciento dieciséis años después volvieron a sacar unos pantalones para ciclistas, los Levi's Commuter, una prenda multifuncional pensada para ciclistas urbanos. O sea, le dieron la vuelta a un viejo producto para adaptarlo a las necesidades actuales de sus consumidores. Los Levi's Commuter no son cortos, sino largos, pero muy cómodos y con algunas peculiaridades, como una tira en la parte de atrás que permite llevar con facilidad el candado de la bicicleta.

Lejos de quedarse ahí, en 2018 la empresa lanzó la primera chaqueta vaquera «inteligente». En 2020 presentó nuevas versiones que permitían manejar el móvil dando pequeñas palmadas en la manga mientras circulabas por tu ciudad sobre dos ruedas. Y no se han parado: siguen investigando para perfeccionar este y otros productos.

Competir contra uno mismo es justamente eso: repensar una y otra vez tus productos o servicios para hacer que sean mejores. Consiste en entender que con cada ciclo de avances estás un giro más cerca de la excelencia.*

Hablando de giros y de búsqueda de la excelencia, quiero acabar este capítulo con dos metodologías de mejora continua que tienen una estructura circular y que puedes aplicar a tu negocio o proyecto hoy mismo. La primera es el ciclo PDCA o ciclo de Deming (llamado así por su creador, Edward Deming). Es un sistema de cuatro pasos:

1. **Plan** («planificar»): La primera etapa de todo proceso consiste en analizar el estado de nuestra empresa o proyecto y fijar unas metas claras y alcanzables.

---

* Eso sí, recordando no perder la esencia reconocible (siendo predecible).

2. **Do** («hacer»): Implementar el plan definido basándonos en un calendario de ejecución organizado por prioridades.

3. **Check** («controlar» o «verificar»): Comprobar el grado de cumplimiento de los objetivos para identificar ineficiencias y corregir eventuales errores. Entre las herramientas de control más utilizadas destacan la ley de Pareto, las *check lists* y las métricas de rendimiento (KPI u OKR).

4. **Act** («actuar»): Aprender de los pasos anteriores y formular recomendaciones para que los resultados futuros se acerquen más a los objetivos. A partir de estas recomendaciones, volver al paso inicial (planificar) y reiniciar el ciclo, que nunca se para.

Por otra parte, está el método o técnica de los cinco porqués, utilizado por primera vez en Toyota para afinar sus metodologías de fabricación. Consiste en afrontar el comienzo de un proyecto o encarar un problema indagando cuál es su origen. Empiezas preguntando, por ejemplo: «¿Por qué ponemos en marcha este proyecto?» o «¿Por qué tenemos este problema?». Sobre la respuesta nos hacemos de nuevo la misma pregunta: «¿Por qué?». Y así hasta completar un ciclo de cinco porqués.

Esta sencilla técnica circular permite aclarar los objetivos de un proyecto o las causas de un problema, y así poder marcar el camino para encontrar las soluciones más eficaces y alcanzar los mejores resultados.

TAKE-AWAYS
Compite contigo mismo

* Cuando intentas competir con otros te limitas a seguir sus reglas en lugar de crear tu propio juego, te generas un estrés adicional al dejar que otros definan tus indicadores de rendimiento, te diriges a los logros de otra persona en lugar de avanzar en tu propia dirección.
* No hay que obsesionarse con la competencia, sino con la mejora de uno mismo.
* Competir consiste, en realidad, en perseguir tu propio potencial no realizado. Compites con tu yo del pasado para acercarte a tu yo ideal del futuro.
* La mejora continua consiste en centrarte en conocer a fondo tu producto y a tus clientes potenciales, incluyendo su entorno.
* El *benchmarking* (estudio de estrategias y acciones que otros operadores están implementando con éxito) está permitido siempre que elijas aquellas soluciones que se adaptan a ti, y no al contrario, y aquellas que den mejores resultados, y sepas implementarlas mejorándolas hasta llevarlas a lo más alto. Recuerda a Fosbury.
* Existen diferentes métodos de mejora permanente. Uno de los más conocidos es el *kaizen*, que nace en Japón y es, en realidad, la sistematización de lo que vienen haciendo desde hace mucho tiempo las empresas *shinise*.
* También podemos aplicar el ciclo de Deming o el método de los cinco porqués.

Cuarta regla
Ten ojos de aprendiz y manos de sabio

Une la atención y la dedicación al aprendizaje constante.

ANNE JESSOPP,
directora de The Royal Mint,
fundada en 886

Viajemos de nuevo al Japón del siglo XIX, esta vez a la ciudad de Osaka.

Shinjirō Tori residía en esta pujante ciudad portuaria de la isla de Honshū y era el pequeño de cuatro hermanos. Todos ellos habían crecido viendo a sus padres afanándose de manera incansable para sacarlos adelante, transmitiéndoles valores como el respeto y la humildad en el trabajo.

Shinjirō sentía desde muy joven una gran curiosidad por aprender y soñaba con hacer cosas importantes, que trascendieran a lo largo del tiempo. Cuando tuvo la edad suficiente y con los ahorros de varios años de trabajo, abrió en uno de los suburbios de la ciudad una pequeña tien-

da para vender vinos y licores procedentes de países occidentales. Era el año 1899.

Al principio los resultados no fueron demasiado buenos. A Shinjirō le costaba mucho que sus vecinos apreciaran aquellos sabores y aromas llegados de Occidente. Como no concebía la idea de desistir de su sueño, trabajaba con empeño, pero apenas lograba sacar el negocio adelante.

Un día tuvo una idea: en vez de intentar convencer a sus clientes de la exquisitez de los caldos que comercializaba, decidió preguntarles cómo sería su vino ideal y escuchar con atención sus respuestas. Descubrió entonces que no existía ninguno que se ajustase a las demandas del paladar japonés, así que tomó una decisión arriesgada y valiente: crear su propio vino. El camino estuvo lleno de desafíos y de nuevos fracasos, de viajes por el mundo aprendiendo técnicas y probando combinaciones centenarias para ajustarse al gusto local. Hasta que, después de mucho ensayo y error, en 1907 lanzó Akadama Port Wine. Y esta vez sí que acertó. ¡Su vino se convirtió en uno de los más populares de Japón!

Después de este gran éxito, el inquieto Shinjirō decidió que no podía quedarse estancado. Entonces se propuso elaborar un auténtico whisky cien por cien japonés, que recogiera la esencia de la naturaleza del país del Sol Naciente. Así, en 1923 construyó en Yamazaki la primera destilería de malta del país. El primer whisky que salió de ella fue el Suntory Shirofuda de etiqueta blanca, al que siguió el mítico Yamazaki. Su proyección y crecimiento era ya imparable, por lo que en 1936 abrió su propia bodega. El whisky ganó premios en todos los certámenes calificadores posibles y hoy sigue siendo considerado el mejor del mundo.

Lejos de detenerse, decidió que tras el vino y el whisky era el turno de la cerveza. Su objetivo no era otro que crear la cerveza perfecta. Tras años de dedicación lanzó The Premium Malt's, que en la actualidad se aprecia como la cerveza con más calidad de Japón.

Su marca, Suntory, alcanzó la primera posición del sector de las be-bidas alcohólicas. ¿Se conformó con eso Shinjirō? Por supuesto que no. Continuó ampliando su negocio, esta vez revolucionando el sector de las bebidas no alcohólicas con un té frío en lata. El Suntory Oolong Tea ha sido desde entonces la bebida más querida por varias generaciones de japoneses.

Todos nos hacemos mayores algún día, así que, cuando llegó el mo-mento, Shinjirō cedió las riendas de Suntory a su hijo. Puedo llegar a verlo paseando por la colina más alta de Osaka junto a su vástago, mirando con cierta nostalgia hacia la ciudad, convertida ya en una gran metrópoli. Me lo imagino tratando de explicarle una vez más, para que nunca los olvida-ra, los secretos de su éxito, del prestigio de Suntory. Estoy convencido de que le hablaría de humildad y de dedicación incansable al trabajo; y de ambición, pues de no haberla tenido no hubiese conquistado tantos mercados. Y también de otras dos cualidades imprescindibles para la vic-toria: la curiosidad y la destreza. Sin la primera, nunca habría preguntado a sus clientes sobre sus gustos para crear un vino a su medida ni habría aprendido los secretos para fabricar un gran whisky; sin la segunda, todo su trabajo se hubiese quedado en un mediocre intento de hacer bebidas de calidad.

La historia de Shinjirō Tori y su empresa Suntory nos enseña mu-chas cosas que siguen siendo válidas hoy en día. La primera es que si quieres progresar, debes estar siempre atento y abierto a todo lo que sucede en el mercado, así como escuchar con humildad a quienes están a tu alrededor. A esto lo llamo «mirada de aprendiz». La segunda es que debemos aplicar los nuevos conocimientos con destreza, escogiendo solo aquellos que potencien realmente nuestro producto, nuestro pacto con el cliente, nuestros valores y nuestra filosofía. Esto es actuar con «manos de sabio».

Shoshinsha, la cualidad del eterno aprendiz

La mayoría de los negocios comienzan siendo liderados y dirigidos por aquellos que desarrollan una solución para un problema o necesidad del mercado. Son creadores del producto o servicio y responsables de su producción o ejecución.

Después, cuando la empresa se implanta, el papel principal pasa a manos de quienes dominan las ventas y el posicionamiento, es decir, los responsables de marketing y operaciones.

Si la empresa triunfa, crece y desarrolla músculo financiero, y entonces asumen el protagonismo los equipos económicos, que solo ven la compañía como un medio para manejar rendimientos monetarios.

¿Cuál es el problema de este sistema? Que el foco principal deja de estar en lo que originó el nacimiento de la empresa, que no es otra cosa que la creación de un producto o servicio para aportar una solución a un problema.

Nunca hay que olvidar que lo más importante es el producto, su mejora constante y el contrato entre la empresa y su cliente. La innovación debe estar al servicio del producto y de la implementación de fórmulas más eficientes en el sistema de producción o en los procesos que fortalezcan ese contrato.

La mejora del producto o servicio se produce gracias al aprendizaje. Las empresas más longevas lo saben, por eso honran la tradición y al mismo tiempo ponen su energía en el futuro, en desarrollarse hacia el progreso mediante el aprendizaje. Y lo más importante es que lo hacen con humildad, pues solo siendo humildes podemos mantener la mirada curiosa del que aprende. Tienen lo que los japoneses llaman *shoshinsha*, la cualidad del eterno aprendiz, una mirada de búsqueda permanente impulsada por la curiosidad.

Este exótico término se refiere a la capacidad de indagar, conocer y entender a fondo tu entorno, tu competencia y a tus clientes
para poder avanzar. Las empresas centenarias inculcan esta visión
a sus empleados y favorecen su aprendizaje constante, lo cual los
beneficia individualmente (como trabajadores) y organizativamente
(como empresa).

Según una encuesta realizada por LinkedIn a trabajadores de
diferentes países como Reino Unido, Países Bajos, Luxemburgo,
Alemania, Francia, India y Hong Kong, los empleados que dedican
un tiempo de su jornada a aprender tienen un 47 por ciento menos
de probabilidades de estar estresados que aquellos que no lo hacen,
un 39 por ciento más de probabilidades de sentirse productivos y
orgullosos de su trabajo, un 23 por ciento más de probabilidades de
sentirse preparados para asumir responsabilidades adicionales, y un
21 por ciento más de probabilidades de sentirse seguros y felices.[40]

En cuanto a los beneficios para la organización, un estudio realizado con más de setenta empresas españolas identificó importantes progresos organizativos cuando se impulsaban políticas de formación, en concreto en la rentabilidad de la plantilla en ventas por
empleado, así como en la satisfacción de los empleados, los clientes
y los propietarios. Los resultados mostraron que los programas de
formación orientados al desarrollo del capital humano, cuyos principales objetivos eran motivar y aumentar la satisfacción en el trabajo, conocer mejor la naturaleza y los fines de la compañía, incrementar la participación de los empleados y compartir los nuevos
conocimientos adquiridos, generan numerosos beneficios para la
organización.[41]

Las empresas que mantienen la mirada del aprendiz tienen más
posibilidades de perpetuarse. Un ejemplo particularmente longevo
es el de Beretta, compañía ya mencionada. Ni más ni menos que
cinco siglos han pasado desde que a Bartolomeo Beretta le encar-

garon la fabricación de 185 arcabuces para ayudar a la República de Venecia en su lucha contra los Estados Pontificios. Este servicio situó a la empresa Beretta en una posición privilegiada en la venta de armas de fuego con fines militares, desde la que llegó a servir armas al mismísimo Napoleón Bonaparte más de doscientos años después. Aunque esté en contra de las guerras y de las armas, no puedo negar que las siguientes generaciones de la familia Beretta que se situaron al frente de la compañía tuvieron la inquietud y la curiosidad de buscar nuevos caminos para sus productos. Con una mente abierta y gran capacidad de aprendizaje viajaron por todo el mundo investigando cómo se fabricaban las mejores armas. Fruto de esos viajes fue la adquisición de unos conocimientos que implementaron con sabiduría en sus productos.

No fueron los primeros en fabricar armas semiautomáticas, pero crearon la Beretta M1918 SMG, que utilizaba la gravedad para potenciar su mecanismo de recarga. No inventaron las pistolas, pero fueron los padres de la Beretta 92, considerada la reina del sector por cuerpos militares y de policía de todo el mundo. No inventaron el uso recreativo de las armas de fuego, pero supieron ver en él una oportunidad, y ahora el 75 por ciento de sus ventas corresponden a este segmento. Todo ello ha hecho que Beretta siga siendo una empresa internacional, fiable y en continuo crecimiento. No solo ha sorteado innumerables crisis, sino que ha sabido sacar rédito de algunas de ellas.

Aprender para evolucionar

Evolucionar con los cambios del entorno no significa estar todo el tiempo cambiando. Debemos buscar un equilibrio entre lo que necesita el mercado, lo que somos y lo que estamos dispuestos a ofrecer. Y, sobre todo, debemos estimular nuestra capacidad de aprendizaje constante, o *learnability*, para poder estar siempre un poco más preparados para la próxima crisis.

La compañía de juguetes Lego, fundada en 1932, es un ejemplo interesante de cómo encontrar ese equilibrio. En el año 2003, la facturación de la empresa disminuyó un 30 por ciento, y al año siguiente cayó un 10 por ciento más. Por si esto fuera poco, algunos estudios de mercado afirmaban que las siguientes generaciones de niños perderían el interés en sus míticos ladrillos. Alarmada, la empresa decidió lanzarse a una vorágine de transformaciones y sacó al mercado ropa con su marca y joyas para niñas, construyó parques temáticos, etcétera. Sin embargo, no lograba el efecto deseado. ¿La razón? Estaba innovando de manera descontrolada y sin comprobar la repercusión de cada uno de esos cambios. Como consecuencia de esto iba perdiendo su identidad.

La dirección de la compañía puso entonces un poco de cordura y comenzó a interactuar con sus seguidores, escuchándolos con mentalidad de aprendiz. Descubrió así que la solución era innovar sin alejarse de sus raíces. Remodeló los ladrillos, haciéndolos más pequeños y con más detalles, y contrató a diseñadores fanáticos de Lego para que crearan construcciones sofisticadas y únicas. Construir con Lego se convirtió así en un auténtico reto. De esta forma, la compañía encontró el equilibrio entre la experimentación y la explotación de su identidad. El resultado fue que pasó a ser el mayor productor de juguetes del mundo.

Otra marca que supo entender muy bien la importancia del aprendizaje es Pixar. Edwin Catmull, cofundador de la compañía, creó la Pixar University, donde se ofrecen clases gratuitas para empleados, tanto de liderazgo como de escultura, pintura, ballet o cine. Su objetivo es fomentar en sus trabajadores «la mentalidad del principiante». Porque cuando eres principiante no tienes miedo

al fracaso, no tienes nada que perder, y esto te permite estar preparado para caminar hacia lo desconocido, explorar nuevos conceptos, actuar con la valentía que el mundo ACID reclama.

Y un caso más: el de Mellerio dits Meller, la empresa familiar
más antigua de Europa. Fundada en 1613, es historia viva de la or-
febrería mundial. Es la creadora de la Copa de los Mosqueteros,
trofeo que se entrega a los ganadores del Open de Francia; de la espada ceremonial de los miembros de la Academia Francesa; de la
tiara de Isabel II, y de cientos de piezas de colecciones reales y aris-
tocráticas de todo el mundo. ¿Su secreto? Que cada generación
haya desarrollado una nueva habilidad creativa, sea en el diseño
sea en la fabricación. Esto ha permitido a los Mellerio estar siempre a la moda y mantener unos estándares de calidad únicos. La
curiosidad, el aprendizaje constante y la innovación inteligente son
las claves que encontramos detrás de sus más de cuatrocientos años
de historia.

Mirar hacia delante y aprender sin descanso son ideas muy presentes también en la mayoría de las compañías tecnológicas. Lo vemos claramente en Facebook, que casi sin descanso lanza ideas nuevas para obtener *feedback* de sus usuarios e implantar mejoras. Tal
como explicó Mark Zuckerberg en una entrevista para el podcast
Masters of Scale, cualquier ingeniero de la empresa puede probar cosas nuevas en cualquier momento. La forma de hacerlo es lanzar
versiones nuevas de Facebook a grupos de entre diez mil y cincuenta mil usuarios, lo necesario para obtener un *feedback*. Esto rompe
todos los esquemas, pues no hay un solo Facebook, sino miles de
versiones con sutiles diferencias funcionando al mismo tiempo.

No todas las empresas implementan esta cultura del aprendizaje
permanente. Según un estudio de Deloitte, los trabajadores dedican
al aprendizaje tan solo una media de veinticuatro minutos a la semana.[42] Además, según Leadership IQ, un 39 por ciento de los trabaja-

dores afirma que no aprende nunca o casi nunca.[43] Pero no nos vamos a conformar con estos datos negativos, ¿verdad? Te animo a que, con la determinación de nuestros amigos los samuráis, trates de cambiar, al menos en tu empresa y a tu escala, esta realidad.

Manos de sabio

El aprendizaje sin acción es estéril. Necesitamos implementar lo aprendido para comprobar si de verdad funciona. E implementarlo bien.

Lo primero que debemos hacer es diferenciar entre los aprendizajes que viene bien implementar y los aprendizajes que es mejor descartar. Es preciso elegir y actuar con inteligencia. Fue Cicerón quien introdujo esta palabra, «inteligencia», para referirse a la capacidad intelectual. Proviene del latín *intellegere*, en el que *inter* significa «entre» y *legere* significa «leer, escoger». La inteligencia, por tanto, sería saber escoger entre varias opciones. El éxito de nuestro proyecto, producto o compañía residirá en gran medida en la capacidad de elegir las opciones más adecuadas y descartar las no tan buenas.

En esta crucial tarea conviene tener presentes las cuatro T, de las que ya te he hablado y que sintetizan el aprendizaje de los Henokiens y las *shinise*: trascendencia, tradición, tecnología y transformación. Si el nuevo aprendizaje, conocimiento o idea que quieres implementar no potencia tu **trascendencia** (para que tu producto o servicio contribuya a crear un legado significativo), no honra tu **tradición** (para que tu forma de hacer las cosas sea garante de tu excelencia), no hace un uso inteligente de la **tecnología** (para optimizar tu pacto con el cliente) y no ayuda en la **transformación** (para que los nuevos tiempos te sean favorables y prósperos), debes descartarlo, por muy tentador que *a priori* te parezca.

La norma general es aplicar solo aquellos nuevos aprendizajes que mejoran nuestras cuatro T y que ya funcionan en otros sectores, productos o servicios. Además, hay que hacerlo adaptándolos al momento y al contexto que se esté viviendo.

Suntory, esa empresa hecha a sí misma desde el corazón de Japón con la que comenzaba este capítulo, es un claro ejemplo de cómo hacerlo. Nunca ha dejado de aprender y de aplicar los nuevos conocimientos. Lo hizo con el vino, aprendiendo y aplicando procesos de elaboración contrastados y adaptándolos al gusto japonés. Lo hizo de nuevo con el whisky, perfeccionando con sabiduría una técnica ya existente hasta lograr elaborar uno de los whiskies más apreciados del mundo. Y volvió a hacerlo con la cerveza y con el té frío.

Siguiendo estas premisas, en los años sesenta del pasado siglo hizo algo similar con los restaurantes. Presidía por entonces la compañía Keizo Saji, hijo de Shinjirō Tori, el fundador. Saji eligió México para intentar expandir a gran escala su whisky japonés Yamazaki. Inauguró un restaurante en Ciudad de México con el objetivo de promocionar su producto más valioso junto a la comida japonesa. El resultado volvió a ser increíble y logró todos los objetivos que se había marcado. Y no solo con el whisky: ya han abierto una decena de restaurantes en México en los que atienden a más de setecientos mil clientes al año.

Suntory mantuvo viva la curiosidad, aprendió y aplicó técnicas conocidas (el vino ya existía, y el whisky también), pero adaptadas a sus propios gustos y valores. Siempre con vocación de avanzar e invirtiendo en proyectos duraderos. Hoy en día conserva esta filosofía. Por eso me atrevería a apostar por que cuando tú y yo ya no estemos aquí, Suntory seguirá ofreciendo a sus clientes nuevos productos que nacerán de la mirada del aprendiz y alcanzarán la plenitud gracias a sus manos de sabio.

TAKE-AWAYS
Ten ojos de aprendiz y manos de sabio

* Si quieres progresar, no des nada por hecho.
* Permanece atento y abierto a todo lo que sucede a tu alrededor.
* Aprende todo tipo de cosas, no solo aquellas que tengan que ver con tu trabajo.
* Escucha con humildad a tus clientes actuales y potenciales. Si necesitan algo y no existe, ¡créalo! Eso sí, siempre que ese algo tenga sentido para tu empresa.
* Cuando crezcas, procura no perder de vista lo que de verdad importa: la mejora constante del producto y el contrato entre la empresa y el cliente.
* Si quieres una larga vida para tu empresa, honra tu tradición, pero céntrate en el futuro.
* Descarta las nuevas ideas que no respeten la esencia de tu producto o servicio, en especial las cuatro T estratégicas: trascendencia, tradición, tecnología y transformación.
* Implementa aquello que ya funciona en otros sectores, productos o servicios.
* Practica hasta obtener la destreza del maestro.

Quinta regla
Haz que gane tu entorno

Nunca cortes los árboles.

GEN-UEMON SUDO,
presidente de Sudo Honke,
fundada en 1141

Imagina las laderas vertiginosas de Darjeeling, allí donde el amanecer se hace esperar y la niebla se aferra a la majestuosidad del Himalaya. Entre esa niebla, surge una figura tenue pero resuelta. Es Meena, recogedora de té de tercera generación, armada con su fe inquebrantable y una vieja canasta de mimbre. Avanza, decidida, como un barco navegando en el caos de las olas, hacia el vasto mar de plantaciones de té.

Aún envuelta en el silencio de la madrugada, Meena se adentra en los campos. Sus manos, curtidas por años de trabajo y marcadas por cicatrices, llevan a cabo una danza meticulosa. Es un ballet de dedos y hojas, la recogida precisa de tres hojas y un brote. Es un legado transmi-

*tido de abuela a nieta, una melodía susurrada por el viento que baila
entre las hojas de té.*

*Sin embargo, la belleza casi hipnótica de este ritual diario es un es-
pejismo. Se disuelve con el brutal despertar del sol que castiga la piel de
Meena, y revela una dura realidad. Las horas se estiran como hilos inter-
minables mientras se afana en conseguir los veinticinco kilos de hojas
de té exigidos diariamente. El trabajo consume cada fibra de su ser y la
recompensa es apenas suficiente para alimentar las bocas hambrientas
en casa.*

*Los peligros acechan en cada esquina. Las pendientes traicioneras,
los químicos corrosivos que empapan los campos de té y un sistema de
salud inaccesible. Fiebres, enfermedades y diarrea son muy habituales
en unas instalaciones donde no hay agua corriente y solo existe un baño
comunitario. Meena intenta evitar todo ello para no faltar al trabajo y ex-
ponerse a perder la mitad de su salario. La fragilidad de su existencia es
palpable; sin embargo, en cada rasguño y callo, Meena encuentra una
razón para continuar.*

*A la hora del almuerzo, un breve interludio en su sinfonía de trabajo,
las mujeres se reúnen y comparten sueños y risas, anhelos y complici-
dades. En esta fraternidad, Meena halla una chispa de alegría, una fuerza de propulsión que la mantiene en movimiento. Y si es un buen día, el
patrón les ha dejado naranjas para evitar el escorbuto.*

*Al anochecer, cuando las luces empiezan a parpadear en las distan-
tes colinas y el viento sopla una canción de cuna a través de los campos,
Meena regresa a casa. Cada paso lleva el peso de un día agotador, pero
también la promesa de miles de tazas de té que su trabajo ha creado.*

*En casa, la vida es un espejismo de normalidad. Pronto se olvida de
que no existe agua corriente. El guiso que burbujea en la estufa, los gritos juguetones de los niños, el cansancio en sus huesos. Pero en lugar
de desalentarse, Meena encuentra una paz en esta vida aparentemente
circular. Cada día es un espejo del anterior, pero ella ve una parte de sí*

misma en cada reflejo. Ella es la hija de la tierra, la madre de las hojas de té, una historia contada en cada taza de té.

Y así, cuando la noche cae y su cuerpo se rinde al sueño, ella sabe que se despertará para bailar nuevamente con las hojas de té. Su vida es un círculo de trabajo, esperanza y supervivencia. Aunque a algunos pueda parecerles monótona, para Meena cada amanecer es una nueva oportunidad, un poema aún no escrito. Cada arruga en su rostro y cada callo en sus manos cuentan una historia de resistencia y coraje, de triunfos pequeños y cotidianos que van más allá de las estrecheces y las penurias.

Cuando los sonidos del día se apagan y la oscuridad se adueña del cielo, en aquella casa, otorgada por los dueños de la plantación hace cincuenta años y que comparte con otras dos familias, Meena encuentra un momento de serenidad. Una chispa de la estufa, el aroma del té recién hecho, y la familiaridad reconfortante de su vida. Todo tiene un lugar, y cada lugar tiene su historia.

Las estrellas pueden parpadear con indiferencia, la luna puede iluminar con frialdad sus modestos alrededores, pero para Meena este es su mundo. Un mundo que es tanto su prisionero como su santuario. Un mundo que es tanto su desafío como su recompensa. Un mundo que ella ha construido hoja por hoja, canasta por canasta.

Porque, a pesar de todo, Meena es mucho más que una simple recolectora de té. Es una matriarca, una guardiana de las viejas tradiciones, una portadora de esperanza. Es la personificación de la fortaleza y la tenacidad, la resiliencia y la resistencia. Es el alma de Darjeeling, un eco de sus montañas, una hija de sus valles. Y cada día, cuando el sol se alza y las sombras se desvanecen, ella escribe su historia. Una historia que se teje en el verde eterno de las plantaciones de té. Una historia que se bebe en tazas de té alrededor del mundo. Una historia que, a pesar de su repetición y su crudeza, nunca deja de ser extraordinaria.

Quizá te preguntes por qué te hablo de Meena en este momento del libro. ¿Qué tiene esto que ver contigo, con tu empresa y con las estrategias de prevención y superación de las crisis? Tal vez empieces a verle el sentido si te cuento la historia de la empresa Twinings.

Todo empezó con un hombre, Thomas Twining, que en 1706 abrió, en el número 216 de Strand Street, en Londres, el primer salón de té conocido, un local que hoy sigue funcionando. Su logotipo, el más antiguo del mundo, se ha utilizado desde su creación, ¡hace más de trescientos años! Durante todo este tiempo, la organización no solo ha sobrevivido a guerras, recesiones, hambrunas, pandemias y crisis internas, sino que ha sido capaz de convertirse en una de las principales y más conocidas compañías de comercialización de té del planeta.

Hace veinte años, Twinings fue uno de los socios fundadores de Ethical Tea Partnership junto con otras empresas compradoras de té de todo el mundo y la ONG Save The Children China. Esta organización vela por los derechos de los trabajadores y las condiciones de vida en las fincas donde se cultiva el té negro. También, entre otras cosas, ofrece formación a los proveedores de atención sanitaria para que mejoren el bienestar de esas comunidades.

Twinings tiene auditores externos para controlar a sus proveedores, que deben firmar un código de conducta que prohíbe, entre otras cosas, la explotación humana y el trabajo forzoso. En la India ha formado varias asociaciones de mujeres que promueven la seguridad de las adolescentes que viven en las plantaciones de té. También ofrece educación nutricional y oportunidades de empleo durante la temporada baja, cuando no hay suficiente lluvia, y trabaja de forma activa para ayudar a la mejora del saneamiento del agua.

En definitiva, Twinings, a diferencia de los propietarios de la plantación donde trabaja Meena, desempeña un papel activo en la sociedad y se esfuerza en mejorar la calidad de vida de las personas de su entorno. Porque el contexto que una empresa crea es imprescindible para no de-

pender del coraje y la poesía con la que cada uno de nosotros vemos
nuestra realidad laboral.

No seas cómplice de la romantización de la explotación.

Sanpo yoshi, bueno para tres partes

Como la mayor parte de las compañías más longevas del mundo, Twinings tiene muy presente la idea de que su actividad debe ser buena no solo para su negocio, sino también para su entorno. Los japoneses se refieren a dicha idea con la expresión *sanpo yoshi*, que significa «bueno para tres partes». Aplicado a un negocio, esto quiere decir que su actividad ha de ser beneficiosa, además de para la empresa, para los clientes y para la sociedad a la que todos pertenecen.

Si queremos perpetuarnos, superar cualquier crisis y mantener nuestro éxito a largo plazo, no hay otra alternativa que respetar y cuidar nuestro entorno, tanto social como natural. Por fortuna, cada vez están peor vistas las compañías que, instaladas todavía en el feroz capitalismo, aplastan o menosprecian lo social en su propio beneficio. Hoy en día, el desarrollo económico y el progreso no se entienden sin una conciencia de lo colectivo y lo medioambiental. Todos dependemos de los demás y los demás dependen de cada uno de nosotros. Y, al final, unos y otros dependemos de la salud del planeta. No entender esto e ignorar que estamos interconectados es pan para hoy y hambre para mañana. O sea, la peor de las estrategias para sobrevivir en un mundo ACID y radicalmente opuesta a la mentalidad *henokien.*

No se trata de realizar acciones caritativas, como donaciones de dinero, que sobre todo sirven para acallar conciencias y dormir bien por las noches. Ni mucho menos de hacerlo para publicar luego una bonita foto en las redes. La ayuda publicitada no es solidaridad, sino marketing. El *sanpo yoshi* es otra cosa, un concepto mucho más trascendental: enfocar con conciencia nuestra actividad a la creación de productos o servicios que además de hacer crecer y mejorar a nuestra empresa contribuyan a mejorar nuestro entorno y la vida de las personas que viven en él.

Avon es un buen ejemplo de la filosofía *sanpo yoshi*. A principios de la década de 1880, David H. McConnell, el fundador de esta compañía, vendía libros puerta a puerta. Con el objetivo de atraer y fidelizar a sus compradores, regalaba con los libros muestras de un perfume que elaboraba él mismo. Estas fragancias se hicieron tan populares que mucha gente compraba los libros solo para tenerlas.

McConnell supo ver la oportunidad de negocio y pronto se olvidó de los libros. En 1886 creó su primera línea de fragancias, The California Perfume Company, que pasaría a llamarse Avon en 1928. El público objetivo de la compañía no era otro que las amas de casa, por lo que McConnell hizo algo que ahora nos parece de sentido común pero que en aquel momento fue revolucionario: formar y contratar a mujeres como comerciales de sus perfumes. Tenía claro que nadie empatizaría mejor con las necesidades de las amas de casa que otras mujeres. La iniciativa tuvo un gran impacto social, pues daba la oportunidad a muchas mujeres de trabajar y de coger las riendas de su vida, cosa impensable hasta aquel momento en la sociedad americana. Cuando McConnell empezó a sentir la presión de comunidades, Iglesia y asociaciones de hombres, redobló la apuesta por la emancipación de la mujer.

En 2020, el Barómetro de Confianza Edelman mostró que el 87 por ciento de las personas pensaba que el conjunto formado por consumidores, empleados y comunidad, lo que en el argot empresarial llamamos *stakeholders*, es más importante que los accionistas para el éxito empresarial a largo plazo.[44] El 73 por ciento de los encuestados afirmaba que una empresa puede aumentar sus beneficios a la vez que mejora las condiciones de la comunidad donde realiza su actividad. Otro ejemplo de este equilibrio ideal es el del hotel japonés Risonare Nasu, que lleva operativo más de un siglo y que en vez de crecer con nuevas habitaciones o edificios lo hace plantando árboles en su entorno y ofreciendo novedosas experiencias de contacto con la naturaleza. Han logrado construir un lugar donde familia, medio ambiente y empresa se retroalimentan y lo han convertido en un negocio próspero y con un futuro prometedor.

La falta de conciencia colectiva puede salir muy cara

Haciendo un repaso histórico vemos que la idea de que la empresa solo debe centrarse en su propio beneficio económico, ignorando su responsabilidad social, comenzó a cuestionarse a finales del siglo XIX. Sin embargo, hasta mediados del siglo XX no se debatió de lleno si este compromiso social debía ser una estrategia principal central o no. De esta cuerda ideológica tiraron, por un extremo, economistas como Morrell Heald, que abogaba por que todas las empresas asumieran ese compromiso,[45] y, por el otro, Milton Friedman, que defendía que esa responsabilidad debía recaer sobre el individuo y no sobre las organizaciones.[46]

El tiempo ha dado la razón a los primeros y se la ha quitado al señor Friedman. Un par de datos bastan para confirmar que la decisión más acertada a largo plazo siempre es situar la responsabilidad social y medioambiental en el centro de la estrategia. Por ejemplo, entre 2006 y 2010, las cien empresas globales más sostenibles experimentaron mayor crecimiento en ventas, en el rendimiento de los activos, en beneficios antes de impuestos y en flujos de caja que las empresas no sostenibles. Y otro dato importante, sobre todo para aquellos que estén preocupados por la siguiente gran crisis mundial: durante la recesión de 2008 las empresas comprometidas con prácticas ligadas a la sostenibilidad lograron un rendimiento superior a la media en los mercados financieros, con un promedio de 650 millones de dólares más de capitalización bursátil por empresa.[47]

Por el contrario, no pensar en el impacto que ejerces en la sociedad puede salirte muy caro. Seguro que tienes en la cabeza un montón de casos en que así ha sido. Entre ellos, con toda probabilidad, la explosión en abril de 2010 de la plataforma Deepwater Horizon, de la petrolera británica BP, en el golfo de México, que causó el peor vertido de petróleo de la historia de Estados Unidos y que ocasionó la muerte a once empleados. ¿Qué ocurrió? La empresa BP y sus socios decidieron llevar a cabo una serie de recortes sin tener en cuenta si afectaban o no a la seguridad. *Spoiler*: sí afectaban. Buscaron solo su beneficio y no prestaron atención a cómo afectaría esto a la sociedad. ¿El resultado? Además de provocar contaminación y muerte, acabaron pagando setenta y cinco mil millones de dólares en indemnizaciones. Y eso sin contar el daño que le hicieron a la marca, que, como las manchas de petróleo, no ha podido limpiarse del todo más de una década después.

Otro caso muy mediático fue el de DuPont, que incluso inspiró la realización en 2019 de una película, *Aguas oscuras* (en Latinoamérica se tituló *El precio de la verdad*), protagonizada por Mark Ruffalo. A finales de los noventa, en el pequeño pueblo de Parkersburg, en Virginia Occidental (Estados Unidos), aparecieron muertas en extrañas circunstancias noventa vacas. Se inició una investigación que demostró que la compañía DuPont estaba contaminando las aguas cercanas a la localidad con PFOA, una sustancia química de uso industrial muy nociva. La situación se agravó cuando el agua contaminada hizo enfermar a numerosas personas, algunas de las cuales incluso desarrollaron cáncer. En 2017, la empresa tuvo que indemnizar a más de tres mil quinientas personas con más de seiscientos setenta millones de dólares. El último proceso judicial contra DuPont por estos hechos se celebró en 2020, con los consecuentes efectos sobre su marca, que hoy todavía persisten.

Lo de DuPont, sin embargo, se queda corto si lo comparamos con el desastre de Bhopal, donde una empresa de plaguicidas, por ahorrar en los protocolos de limpieza y seguridad del agua, desató el mayor accidente industrial de la historia, con más de veinticinco mil muertos y quinientos mil heridos. Y hay muchos ejemplos más: el Exxon Valdez, Fukushima, el Prestige... Todos son nombres unidos a catástrofes que ninguna campaña de marketing puede limpiar. Estos desastres ponen en clara evidencia que si la sociedad pierde, tarde o temprano perderá la empresa, en especial en un mundo tan globalizado y «datificado», donde el acceso a la información es fácil y universal. ¿Recuerdas aquello que decía al principio del libro respecto a la ignorancia, la estupidez y la avaricia como desencadenantes de las crisis? Pues ahora ya no puedes decir que no conoces las consecuencias.

Debemos dejar de ver nuestro universo empresarial como un ente separado de la sociedad. Tu fábrica, tu almacén o tu oficina forman parte, físicamente, de un entorno compartido con otras personas. Tu producción, tus envíos, tus transportes, incluso tus telecomunicaciones, generan alteraciones en dicho entorno y contaminan el medio ambiente. Debemos ser conscientes de que lo individual siempre tiene consecuencias en lo colectivo.

Como apuntaba antes, las empresas longevas comparten la conciencia de que hay que cuidar el entorno, no solo por una cuestión de ética, sino porque es lo que les va a permitir seguir adelante. Lo resumió a la perfección Konosuke Matsushita, fundador de Panasonic, con estas palabras: «Todos los recursos de gestión de la empresa —incluidas las personas, el dinero y las mercancías— provienen de la sociedad. Mientras la empresa se dedica a actividades comerciales utilizando los recursos que le confía la sociedad, también se desarrolla junto con la sociedad, por lo que las actividades de la empresa deben ser transparentes, equitativas y justas».

Si gana tu entorno, ganas tú

Hay muchas empresas que demuestran día a día que implicarse con su entorno y ser rentables, además de ser posible, es el camino más indicado para tener un éxito prolongado. Veamos algunos ejemplos a continuación.

Los Caserinos

Para esta quesería, cuyo origen data de 1910, la sostenibilidad es parte de su identidad, ya que entienden que no existirían sin la naturaleza. Como señala Marta Amendi, gerente y miembro de la quinta generación de propietarios de esta empresa familiar, «somos lo que somos por donde vivimos, y estamos orgullosos de ser asturianos y de haber vivido siempre rodeados de naturaleza, en un entorno rural». En esta empresa, que, entre otros logros, se ha hecho un hueco en la carta del Celler de Can Roca, uno de los restaurantes más prestigiosos del mundo, tienen claro que su entorno es su casa y que su actividad empresarial es indisociable del lugar donde la desarrollan.

Food Delivery Brands (Telepizza y Pizza Hut)

Este es un caso especial para mí, pues colaboré hace unos años con la empresa. Llevamos a cabo una acción ideada por la experta en comunicación Mónica Galán Bravo, que propuso al equipo directivo repartir pizzas en Navidad a las personas que vivían en la calle. Se decidió que se repartirían tantas pizzas como los colaboradores de la empresa fuesen capaces de preparar de forma voluntaria, y que se haría sin publicidad ni ningún tipo de marketing. Más de doscientos trabajadores participaron en la iniciativa y logramos llevar más de mil raciones de pizza a los comedores sociales de Madrid. La sensación de hermandad que pudimos vivir aquellos días, las conversaciones con las personas sin hogar y sus aplausos a los voluntarios fueron de lo más bonito que he vivido a lo largo de mi carrera profesional. Aquella experiencia generó una energía tan poderosa que se estableció de manera regular y se exportó a varios de los países donde opera la marca. Observar detenidamente el entorno siempre nos revela cómo ayudar.

Monzino

Su lema es: «Desde 1750 al servicio de la música». Y lo cumplen de muchas formas, entre ellas promoviendo la educación de los jóvenes y difundiendo los valores de la música. Esta empresa italiana tiene una actividad empresarial, la venta de instrumentos, pero la compaginan con la inversión en proyectos sociales: crean aulas en las escuelas, ceden instrumentos musicales a jóvenes con talento, lanzan mensajes de apoyo a la ecología y al desarrollo sostenible y difunden los beneficios de la música en el mundo.

Ben & Jerry's

En 1988 fue una de las primeras empresas del mundo en dar a su misión social la misma importancia que a su misión económica. Desde entonces siempre ha aplicado a su actividad el siguiente criterio: todas las secciones vinculadas con el negocio deben prosperar a medida que la empresa prospera, desde los que producen los ingredientes hasta los empleados que elaboran el producto, pasando por las comunidades en las que opera la empresa.

Nike

En 2014, la compañía norteamericana puso en marcha una gran iniciativa para conseguir que sus clientes hiciesen deporte y lograsen, así, una vida más saludable. Cuando lanzaron su *wearable* Fuel-Band, una pulsera que cuantifica la actividad deportiva del usuario, crearon una máquina expendedora de productos de la marca que solo se podían adquirir intercambiándolos por puntos. ¿Y cómo se conseguían los puntos? Muy sencillo: haciendo deporte y registrando la actividad en la pulsera.

Volkswagen

Cuando sacó al mercado su gama de vehículos BlueMotion instaló diferentes dispositivos para concienciar a la sociedad de la importancia del cuidado medioambiental y de los hábitos saludables: una máquina de juego que convertía el vidrio reciclado en puntos, una papelera que emitía el sonido de una caída casi infinita con el que animaba a los niños a recoger papeles o botellas del suelo para escucharlo y, el más famoso de ellos, unas escaleras de metro transformadas en un gran piano, con las que consiguió que aumentara en un 66 por ciento la gente que utilizaba las escaleras tradicionales en lugar de las mecánicas.

Itochu

No podía faltar en la lista una empresa japonesa, la corporación Itochu, fundada en 1858 y presente en sectores tan diversos como el industrial, el bancario, el tecnológico o el alimentario. Desde hace décadas basa su filosofía de empresa en un sólido pilar: asumir su responsabilidad con la salud de sus trabajadores para aportar individuos fuertes, física y espiritualmente, a la sociedad nipona.

Starbucks

Se ha comprometido, para 2025, a contratar a veinticinco mil veteranos de guerra. A nivel internacional, colabora con ACNUR para contratar a diez mil refugiados en una campaña que comenzó en 2022.

Patagonia

En septiembre de ese mismo año, 2022, una noticia se hizo viral: el fundador de Patagonia, el multimillonario Yvon Chouinard, donó la empresa de ropa de aventura, valorada en tres mil millones de dólares, para luchar contra el cambio climático. Lo anunció en una carta que comenzaba así: «La Tierra es ahora nuestro único accionista». Antes, la compañía ya donaba el 1 por ciento de sus beneficios anuales a organizaciones y grupos ambientales, pero ante la emergencia climática, Chouinard quiso dar un paso más (o varios, pues su iniciativa es muy rompedora).

Como puedes comprobar, el mundo está cambiando, y en algunas cosas para bien. Ahora, cuando colaboro con una compañía, una de las primeras cosas que pregunto es cuál es su *sanpo yoshi*. Y, más allá de sus políticas de RSC, animo a los equipos a que indaguen para crear nuevos lazos con actividades que generen beneficios a tres bandas. Te aseguro que cuando adoptan este enfoque, tanto en la fase creativa como en la implementación posterior, el sentimiento de orgullo, pertenencia y propósito se dispara.

No es cuestión de dinero

La verdadera ayuda, como supongo que ya empiezas a tener claro, no debe venir del talonario, sino del compromiso. No se trata de «pagar por lo roto previamente», sino de no romper nada. Al contrario, lo importante es construir, conseguir que tu producto y todos los elementos de tu ecosistema productivo generen un beneficio en tu entorno.

Un ejemplo de cómo lograrlo es la empresa Nakagawa. Su fundador, Nakagawa Masashichi Shoten, empezó a principios del siglo XVIII a negociar con cáñamo, una planta que tiene infinidad de utilidades. Él y su familia, instalados en una casa tradicional nipona de la localidad de Nara, comenzaron a elaborar con este material diferentes artículos que vendían a sus vecinos y que estos usaban en su día a día. Más allá de la utilidad práctica de los artículos, la forma en que estaban trabajados, artesanal y casi personalizada, les confería una belleza y un valor también estético.

Con el desarrollo de las comunicaciones con otras ciudades, como Osaka y Tokio, y más adelante con otros países, Nakagawa Masashichi vislumbró una gran oportunidad para su negocio. Diversificó sus productos y los adaptó a los nuevos tiempos, pero sin alejarse de la tradición. Cuidando su entorno, apoyando a sus vecinos, creciendo con la precaución de no destruir los campos aledaños y dando voz a los mayores y permitiendo que formasen parte de sus creaciones.

De esta forma, ayudando a sus artesanos y potenciando la colaboración mutua, han llegado a ser lo que son hoy, más de trescientos años después: una red de más de ochocientos fabricantes de artesanía que vende artículos tradicionales elaborados con la calidad y la disciplina propias de Japón. Logran cada día hacer realidad la visión de Nakagawa Masashichi Shoten, que no es otra que «revitalizar la artesanía japonesa». Para conseguirlo, no se limitan a comercializar sus productos, sino que apoyan a los artesanos y a sus bases de producción locales para que sean capaces de financiarse sin depender de ayudas y subsidios. Les proporcionan servicios de consultoría y colaboran con ellos para mejorar su gestión y su planificación.

¿Crees que Nakagawa necesita realizar estas acciones colectivas para asegurar su crecimiento y su posicionamiento nacional e internacional en el mercado de la venta de artesanía? La respuesta es que no. Sin embargo, no conciben su progreso sin trabajar por la prosperidad de todo el colectivo de artesanos. Igual que Twinings, con la que iniciábamos este capítulo, no concibe su progreso sin pensar en la calidad de vida de los productores de té. Ambas son empresas respetadas por todo el mundo y comprometidas con su entorno.

Para el tema que nos ocupa es importante que recuerdes que las marcas que actúan de esta forma son más capaces de superar desastres naturales, guerras, recesiones y otras muchas formas de crisis, tanto externas como internas. ¿Por qué? Porque además de mantener sus finanzas o su marketing han logrado lo más difícil: el respeto de los colaboradores, de la competencia, de las autoridades y, en general, de la sociedad entera.

No todos podemos pasar a la historia empresarial como ejemplos de *sanpo yoshi*, pero está en nuestra mano buscar el equilibrio entre la rentabilidad, la satisfacción de los clientes y empleados y el cuidado de nuestro entorno social y medioambiental. Si haces un esfuerzo por lograrlo, tendrás muchas más posibilidades de garantizarte un futuro empresarial robusto, serás capaz de adaptarte a los cambios y te resultará más sencillo encontrar aliados para enfrentar tu próxima crisis.

TAKE-AWAYS
Haz que gane tu entorno

* La actividad de una empresa debe ser buena no solo para su negocio, sino también para su entorno.
* Las empresas que dan prioridad a esta premisa son más resistentes a las crisis.
* Por el contrario, no pensar en el impacto que puedes tener en la sociedad y el medio ambiente puede salirte muy caro.
* Las empresas más longevas del mundo lo tienen claro: si gana tu entorno, ganas tú.
* Utiliza la creatividad para influir de manera positiva en el entorno.
* No se trata de dar dinero a causas sociales o medioambientales, sino de poner el beneficio del entorno en el centro de la estrategia.
* No romantices la explotación y busca la mejora real de quien de una forma u otra colabora en que tu negocio exista.

Sexta regla
Sé equipocentrista

Cuando favoreces el crecimiento de personas únicas, conviertes tu empresa en un proyecto sólido.

MITSUTOMO KUROSAWA,
presidente de Toraya,
fundada en 1526

A mediados del siglo XIX, el servicio postal de Estados Unidos era lento, caro y poco eficaz. Se realizaba con diligencias, que a menudo eran objeto de asaltos y saqueos. El envío de objetos valiosos era inviable, ya que ni siquiera se podía garantizar que una simple carta llegara a su destino.

En este contexto, varias empresas rivalizaban por hacerse con el suculento pastel del mercado americano. La hostilidad entre ellas iba en aumento, hasta tal punto que algunas contrataban pistoleros para atacar a su competencia al más puro estilo de los corsarios del Caribe.

Henry Wells, William George Fargo y John Warren Butterfield eran los líderes de las tres compañías postales más agresivas. Viendo que la escalada de la violencia entre ellos estaba beneficiando a otras empre-

sas, que les comían terreno, en 1849 pactaron una tregua e iniciaron conversaciones. Concluyeron que uniendo sus fuerzas podían lograr un mayor aprovechamiento de los recursos, por lo que acabaron creando, un año después, una compañía mítica que sigue, más de ciento setenta años después, a pleno rendimiento: American Express.

El espíritu de colaboración, reconocimiento mutuo y liderazgo con generosidad que está en el origen de esta gran empresa se ha transmitido a lo largo del tiempo, pues American Express aparece siempre en las primeras posiciones de los rankings de «mejores lugares para trabajar», entre ellos los realizados por Forbes y Fortune. Y no solo en Estados Unidos, sino también en Japón, España, México y muchos otros países. Su puntuación en Glassdoor es de 4,3 sobre 5, y el 87 por ciento de sus empleados recomendarían a un amigo trabajar en esta empresa.

Elena Dinesen, exdirectora de recursos humanos de American Express en España, asegura que «el ingrediente para construir una marca empleadora exitosa es tener una cultura corporativa centrada en las personas y basada en la integridad, el respeto, el apoyo mutuo, el reconocimiento y la flexibilidad». Una cultura que American Express sigue manteniendo, ya que según un sondeo de Forbes y Sigma Dos es la empresa con mejor cultura corporativa y la primera en cuanto a la relación de los líderes con los colaboradores.

Yuimaru, el espíritu de la comunidad

A largo plazo, no hay duda de que las empresas más resistentes a las crisis son aquellas que potencian las afinidades personales y los vínculos sociales profundos, las que promueven activamente una buena comunicación y las que generan espacios seguros donde los empleados se sienten cómodos para admitir errores y buscar soluciones conjuntas. Cuando se crea un entono así es más fácil que un equipo de colaboradores reme en una misma dirección, con objetivos y motivaciones comunes, y consiga resultados más buenos.

Una comunidad unida es capaz de superar cualquier adversidad. Este es, precisamente, el significado del término japonés *yuimaru*: «el espíritu de la comunidad que todo lo puede». Para lograr generar este sentimiento de unidad, una empresa debe cuidar a todos los integrantes de su equipo. Porque si una persona se siente valorada, goza de buena salud y va contenta a trabajar cada día, entregará lo mejor de sí misma. Esta regla, como ya habrás adivinado, pone el foco en una de las cinco P: las personas que forman parte de la organización. Protagonizan el mayor número de crisis (tras las financieras), y créeme cuando te digo que también forman la red de seguridad más firme que puedes tejer cuando encares la adversidad.

Quizá te preguntes qué puedes hacer tú para contribuir a crear en tu empresa este sentimiento de comunidad, en especial en un entorno ACID. Te propongo para ello una sencilla fórmula resumida en otro acrónimo, CREDO.

C de **CONFIANZA**: establecer y promover relaciones y conversaciones presididas por la confianza.

R de **RESPONSABILIDAD**: potenciar en toda la organización la responsabilidad individual y colectiva.

E de **EJEMPLO**: dar ejemplo en el día a día a través de los hábitos y el comportamiento en general.

D de **DESARROLLO**: favorecer de manera constante el aprendizaje y la adquisición de nuevos conocimientos y habilidades.

O de **OBJETIVOS**: fijar objetivos claros para cada miembro del equipo, que comprendan como máximo un 75 por ciento de metas individuales y al menos un 25 por ciento de metas compartidas.

Esta sencilla fórmula sirve para cualquier puesto de una organización, sea cual sea el lugar que ocupe en la jerarquía de la empresa, aunque reconozco que suelo empezar implementándola en los líderes, ya que así su efecto se multiplica.

Veamos con un poco más de detalle la fórmula CREDO.

Cuando hay **confianza** en las capacidades del equipo y la comunicación es clara y fluida, el rendimiento de los equipos aumenta y disminuyen las rutinas tóxicas hasta en un 82 por ciento, según afirman los doctores Michelle y Dennis Reina en su libro *Trust and Betrayal in the Workplace*.[48] Lo vemos, por ejemplo, en la empresa Thiercelin, que forma parte de los Henokiens. Abrió sus puertas en 1809 y es en la actualidad el productor de azafrán más antiguo del mundo. Según sus directrices, la salud de sus clientes no es negociable, por lo que confían en que todos los miembros de la organización respetarán los niveles de exigencia y calidad. Han mantenido esta filosofía con éxito a lo largo de más de doscientos años.

Por otra parte, las empresas que perduran son aquellas cuyos equipos asumen de forma plena la **responsabilidad** de su trabajo. Para ello es fundamental hacerles entender qué pueden aportar para ayudar a la compañía a prosperar. Según un estudio de Partners in Leadership de 2018, cuando el grado de autorresponsabilidad es alto, el 85 por ciento de los empleados se sienten más comprometidos.[49]

En lo que respecta a dar **ejemplo**, si esta actitud se extiende a todos los niveles de la organización, se logra mayor unidad y coherencia, así como marcos de trabajo sólidos que tienen efectos positivos en el resultado. Los autores Loup, Boggs y Luedi, en un estudio publicado en 2019, afirmaban que las organizaciones en las que los líderes predican con el ejemplo son hasta un 34 por ciento más productivas.[50]

Aplícalo en cada puesto de la organización. Haz que todo el mundo establezca un sistema óptimo de conversación productiva, respete la cadena de mando operativo, se ensucie las manos, se entregue a los resultados prometidos, resuelva los conflictos rápidamente, valore a las personas y proteja la marca, la cultura y el producto. Pronto verás como el compromiso se dispara.

Si le anuncias a alguien que durante la próxima década va a hacer siempre lo mismo, de la misma manera, con el mismo salario y las mismas responsabilidades, estoy convencido de que a esta persona el trabajo le parecerá poco motivador e ilusionante. Por eso el **desarrollo** constante de los miembros de un equipo es esencial para que exista un itinerario, una evolución que haga que al echar la vista atrás se asocie la prosperidad al proyecto conjunto. McKinsey & Company reveló en un estudio de 2022 que el 41 por ciento de los trabajadores abandonan sus empleos ante la falta de desarrollo laboral.[51] Si no hay aspiración y progreso, no hay futuro.

Por último, los **objetivos** de cada empleado deben ser SMARTER: específicos, medibles, alcanzables, relevantes, con marco temporal, ecológicos y con una recompensa clara. Los estudios realizados durante cuatro décadas por los doctores Edwin Locke y Gary Latham demostraron que la motivación, el compromiso y el rendimiento de los equipos aumenta si establecemos objetivos claros para ambas partes, desafiantes, pero no en exceso, con un compromiso pactado, en un proceso con comentarios libres y un seguimiento permanente.[52]

Mi experiencia en grandes compañías y en la gestión de sus equipos me ha demostrado que cuando introducimos estos elementos en el funcionamiento de uno o varios departamentos podemos lograr la máxima entrega de sus miembros, cosa que los japoneses llaman *ganbaru*.* Y si planteamos además objetivos compartidos, que deban conseguir juntos varios miembros de departamentos distintos, desaparecen los silos y aumenta la conciencia global de compañía.

En este proceso, el *micromanagement* debe desaparecer. En el libro *El principio del progreso*, Teresa Amabile y Steven Kramer demuestran que este ahoga la creatividad y la productividad de las personas a largo plazo, ya que cuando los empleados carecen de autonomía, de información y de ayuda para progresar tienen peores ideas y peores resultados.[53] También es importante permanecer abiertos a las nuevas formas de trabajo flexible, que aunque se implantaron por causas de fuerza mayor, como la pandemia de la COVID-19, sin duda llegaron para quedarse y pueden aportar grandes ventajas si se gestionan con inteligencia.

Takehiro Okaya, presidente de la multinacional del sector industrial Okaya, empresa que lleva trescientos cincuenta años al servicio del mercado, enviaba un mensaje claro en el que se percibe la perspectiva equipocentrista: «Propongo que busquemos optimizar nuestras actividades corporativas revisando nuestras diversas relaciones, incluidas nuestras relaciones con los accionistas, los socios comerciales, las comunidades locales nacionales e internacionales y los empleados».

Está en tu mano crear el ambiente necesario para que las personas que te acompañan y hacen posible tu aventura empresarial la tomen como propia y se sientan motivadas para dar lo mejor de sí mismas y acudir cada día al trabajo con la ilusión de progresar, superar obstáculos y alcanzar todos y cada uno de los objetivos que os hayáis marcado.

---

* *Ganbaru* sería trabajar muy duro y tenazmente pese a las dificultades. Se traduce habitualmente como «dar todo lo que se lleva dentro».

El primer equipo: los líderes

El escritor y filósofo Ralph Waldo Emerson dijo una vez: «Nuestro principal deseo es que alguien nos inspire a ser lo que sabemos que podríamos ser». Con esta frase, Emerson resume la importancia del liderazgo y la forma en que los líderes pueden ayudar a los demás a lograr grandes cosas.[54] Sus palabras siguen siendo válidas hoy en día.

La principal función de un líder en el entorno empresarial es ayudar a su equipo a alcanzar su máximo potencial y desarrollar nuevas habilidades, así como proporcionar orientación y dirección para superar retos y obtener nuevas cotas de éxito. Con esto no solo aumenta el rendimiento de su equipo, sino que también impulsa a los individuos a desplegar sus capacidades. Un buen líder establece un propósito, facilita un plan de acción y construye relaciones sólidas con sus seguidores. Y les inspira, motiva y sirve de ejemplo para que realicen cambios positivos en el mundo.

En la actualidad nos encontramos en medio de una crisis de liderazgo. Según *Harvard Business Review*, el 77 por ciento de las empresas han experimentado importantes carencias en este aspecto.[55] La necesidad de líderes empresariales eficaces es mayor que nunca, y para satisfacerla es preciso que los equipos de dirección y las personas que desempeñan estas funciones sigan desarrollando sus capacidades.

Veamos a continuación, resumidas en diez puntos, las principales tareas que debe llevar a cabo un líder eficaz, especialmente en un entorno como el que estamos viviendo en nuestros días.

1. Establecer una visión

Ser un líder no consiste solo en delegar tareas y resolver problemas, sino también en ayudar a las personas a entender para qué hacen lo que hacen. Al fin y al cabo, es fácil quedarse atascado en el día a día y perder de vista el panorama general. Al proporcionar un contexto y mostrar a la gente la visión de la organización, los líderes pueden ayudarles a encajar su trabajo en la estrategia diseñada para lograr un objetivo. Esto contribuye a que las personas se sientan más conectadas con su trabajo.

2. Proporcionar orientación

A menudo se espera que los líderes tengan todas las respuestas, pero rara vez pueden darlas. Lo que sí hay que esperar de ellos, en cambio, es que proporcionen orientación, diálogo y permisividad ante el error. Cuando las personas reciben las herramientas y los conocimientos que necesitan, es mucho más probable que salgan adelante.

3. Dar ejemplo

Asimismo, deben dar ejemplo, mostrando a los demás que es posible lo que se les pide. Toda organización es un reflejo de sus líderes. Los hábitos, costumbres, rutinas y exigencias del líder se transmiten a toda la empresa como una corriente eléctrica. Los buenos líderes definen con su ejemplo el tono de las relaciones internas y externas. En este sentido, deben fomentar la colaboración y la comunicación abierta, la confianza y el respeto, y esforzarse siempre por dar lo mejor de sí mismos. Con un líder así es imposible no triunfar.

4. Crear un ambiente de trabajo positivo

Si los líderes ejercen su papel siempre con gritos y microgestión pueden crear una atmósfera de miedo e inseguridad. En cambio, cuando los ejecutivos, directores y gerentes son positivos y alentadores, la gente se siente a gusto y dispuesta a contribuir. Saben que sus líderes se esfuerzan por garantizar que el ambiente de trabajo siga siendo edificante y cómodo, incluso si el trabajo se realiza a distancia. Como resultado, los empleados son más productivos, están más comprometidos y es más probable que quieran seguir en la compañía.

5. Introducir cambios con sentido

El cambio es esencial para que las empresas crezcan y se adapten a un panorama en continua transformación, pero si los cambios no son controlados pueden convertirse en fuente de inestabilidad y caos. Por eso, las empresas precisan líderes que puedan introducir el cambio de tal forma que se minimicen los trastornos y se maximice el crecimiento. Para que se produzca el cambio, los directivos deben dirigir a sus equipos hacia las acciones que generarán mayor impacto. Al liderar la carga, la dirección puede indicar por qué tiene que ocurrir un cambio y cuáles son los próximos pasos.

6. Ayudar a las personas a satisfacer sus necesidades

Los buenos líderes siempre buscan la manera de entender a las personas a las que dirigen y de mantener una buena relación con ellas. Son conscientes de que establecer una conexión personal es esencial para desarrollar la confianza y ganarse el respeto. Cuando las personas sienten que su líder las entiende y se preocupa por su bienestar es mucho más probable que lo sigan. Este tipo de conexión crea una sensación de seguridad y pertenencia que motiva a las personas a trabajar juntas por el bien común.

7. Resolver los conflictos

Los líderes desempeñan un papel importante en la resolución de conflictos. Al escuchar las preocupaciones y abordarlas con rapidez adquieren un conocimiento de los retos y pueden ayudar a prevenir futuros problemas. De este modo crean un entorno de trabajo más positivo y centrado en encontrar soluciones eficaces.

8. Aumentar la moral

Cuando los trabajadores se sienten apreciados y valorados su satisfacción y compromiso aumenta. Por el contrario, la falta de aprecio puede conducir a una moral baja y a una alta pérdida de talento o un despido silencioso. Por eso es tan importante que los líderes muestren aprecio por el trabajo que hacen las personas de su equipo para alcanzar los objetivos de la organización.

9. Mantener la exigencia

Las personas que ocupan un lugar de liderazgo deben transmitir la responsabilidad de alcanzar metas y objetivos, así como de respetar la cultura de la organización y de ejecutar adecuadamente los procesos. Obviar la exigencia no es buena idea, como tampoco lo es imponer una exigencia desmedida. Seguimiento y orientación sí. Presión estresante no.

10. Implementar consecuencias

Quizá el lado más incómodo del liderazgo, pero tan necesario como todo lo anterior. La persona líder es responsable de instruir, capacitar, acompañar, motivar y guiar a su equipo, como hemos visto, pero también de tomar las medidas necesarias cuando no se alcanzan los hitos consensuados con los miembros del equipo.

Existen muchos casos de compañías que se han salvado gracias a la decisión de un líder comprometido y audaz. Veamos un par de ejemplos.

Doug Conant decidió cambiar la cultura tóxica (así la llamó él mismo) de Campbell's, la conocida empresa de sopas. Fundada en 1869, pasaba a principios del siglo XXI por una situación dramática: bajo grado de compromiso de los empleados, caída del valor de las acciones y desafección de los consumidores. Conant decidió recorrer la sede cada día, haciendo diez mil pasos contados con un podómetro, para interactuar con empleados y ejecutivos descontentos. Centró su modelo de liderazgo en el apoyo constante, la exigencia inteligente y la aportación de valor. La empresa acabó obteniendo el premio Best Place to Work de la organización Gallup y, lo más importante, recuperó todo su esplendor.

Otro líder empresarial destacado, Peter Cuneo, es conocido por sus «milagros empresariales». Su primera gran transformación fue la de Clairol, la división de tintes de Wella, fundada en 1880.

Black & Decker se benefició también de su talento, igual que la empresa de aparatos de cuidado personal Remington, fundada en 1910, que pasó de estar en bancarrota técnica a ser vendida, tras una exitosa reestructuración, a un fondo de inversión. El hito más extraordinario de Cuneo, no obstante, fue su actuación al frente de Marvel. Cuando se hizo cargo de la compañía, en el año 2000, esta tenía solo tres millones de dólares en el banco y una deuda de doscientos cincuenta. Apenas nueve años después fue vendida por cuatro mil trescientos millones de dólares.[56] Evitar los prejuicios, asociarse con personas de calidad, asumir riesgos y romper las reglas, aceptar el cambio, aprender de los errores y hacer siempre «lo correcto» son los seis principios que este visionario deja como legado.

En tu caso, ¿te has preguntado alguna vez qué tipo de líder eres? ¿Trabajas para mejorar cada día? ¿Cuál es tu legado o tu mandamiento?

El segundo equipo: los colaboradores

Tus colaboradores son el baluarte sin el cual no sería posible desarrollar tu actividad empresarial. La compañía depende de ellos, de su compromiso con el trabajo y de su actitud a la hora de colaborar con la organización.

Por desgracia, muchas empresas siguen ancladas en modelos de dirección obsoletos que generan insatisfacción y falta de implicación por parte de los colaboradores. Un estudio de 2022 sobre el estado de la salud laboral en las empresas, elaborado por Cobee, una plataforma digital europea de gestión de planes de beneficios para empleados, afirmaba que más del 40 por ciento de los españoles había pensado en dejar su trabajo en el último año.[57] La razón era una sensación generalizada de insatisfacción respecto al trabajo, algo que sin duda afecta a las empresas y a su productividad.

A medida que la mano de obra se globaliza cada vez más, los empleados están más presionados que nunca para rendir a un alto nivel. Este estado constante de estrés puede conducir al *burnout* o «síndrome del empleado quemado», que se caracteriza por el agotamiento, la desmotivación y la falta de compromiso con el trabajo. En casos extremos puede incluso llevar a los empleados a una «dimisión silenciosa», que consiste en limitarse a aguantar y trabajar lo mínimo.

La insatisfacción de los colaboradores puede deberse a muchas causas. Una de ellas es la falta de diálogo. Los monólogos de los directivos no funcionan hoy en día, si es que funcionaron en algún momento. No lo hicieron en el caso de Enron, la gran empresa energética que quebró en los años dos mil provocando uno de los mayores escándalos financieros de la historia. Uno de los motivos principales de su estrepitoso hundimiento fue el fracaso de la dirección en su comunicación con los colaboradores, según un estudio académico sobre esta cuestión.[58] Los monólogos, en lugar de los diálogos, no dejaron espacio a las señales de advertencia ni a las alertas antes de que las cosas se complicaran de modo irremediable.

Otra razón por la que gran parte de los trabajadores terminan hastiados hoy en día es que muchas empresas se muestran inflexibles en temas como el horario o el teletrabajo. Tras la pandemia de la COVID-19, el reto de las empresas es hacer propuestas atractivas para mantener la flexibilidad de sus empleados. Según los expertos, volver a un modelo presencial es muy difícil. Las oficinas ya no se ven como lugares estimulantes en los que ocurren cosas; ahora rara vez sucede nada emocionante.[59]

Y un tercer motivo es la microgestión por parte de los directivos de las empresas, que deriva en un control excesivo e ineficaz.

Esa microgestión consiste en aplicar un prisma unívoco de manera autoritaria, pedir constantemente información a los empleados para controlar su rendimiento y cuestionar cada una de las decisiones que toman. Este tipo de comportamiento puede ser frustrante para los colaboradores, que sienten que no se confía en que realicen su trabajo de forma correcta. Y esto deriva a menudo en desórdenes como el estrés y la ansiedad, que hacen que la persona se desmotive, se agote y desee cambiar de empleo.

Algunas compañías llegan a extremos que parecen propios de otros tiempos, como enviar mensajes amenazantes de madrugada o durante el fin de semana a sus comerciales donde les ponen objetivos muy retadores y les recuerdan las consecuencias de no alcanzarlos, que van desde la pérdida de los bonus hasta el despido. Esto da lugar a dos respuestas extremas: ansiedad constante o apatía total. Y ninguna de las dos es buena para nadie.

Steve Jobs es otro ejemplo perfecto de cómo esta microgestión puede afectar drásticamente a los resultados de una empresa. Cuando fue despedido de Apple por el consejo directivo fundó NeXT, donde lo gestionaba todo cual dios omnipresente. Según Randall E. Stross, autor del libro *Steve Jobs & the NeXT Big Thing*, Jobs controlaba incluso al equipo de jardinería que colocaba los aspersores. No delegaba casi nada. El resultado fue el fracaso comercial de NeXT.[60]

En el lado opuesto estaría el estilo de dirección de Spotify. Sus más de dos mil empleados están distribuidos en equipos ágiles denominados «escuadrones» (*squads*), que se autoorganizan y son interfuncionales. Son equipos autónomos de no más de ocho personas. Cada uno es responsable de un aspecto del producto, del cual es dueño de principio a fin. Tienen autoridad para decidir qué construir, cómo construirlo y con quién trabajar. Estos grupos se insertan en una matriz llamada «tribu» (*tribe*) y están vinculados entre sí a través de un «capítulo» (*chapter*), una agrupación horizontal cuya función principal es facilitar el aprendizaje y el desarrollo de competencias en todos los escuadrones. El liderazgo dentro del escuadrón es autodeterminado, mientras que el líder del capítulo es un gestor formal que se centra en el entrenamiento y la mentoría. Hay un cuarto elemento organizativo conocido como «gremio» (*guild*). Los gremios son comunidades cuyo objetivo principal es transmitir conocimientos sobre áreas transversales a los capítulos y a los escuadrones, como el liderazgo o el aprendizaje continuo. Esta inusual estructura organizativa permite que los grupos se gestionen sin necesidad de una cabeza visible formal.

Cómo tener un equipo motivado

Obtener el certificado Top Employer en más de sesenta países del mundo no puede ser casualidad. Esto es lo que ha conseguido Japan Tobacco International, una compañía nacida en 1898 y que, aun perteneciendo a un sector cuestionado, ha conseguido que su conocimiento centenario se adapte a las necesidades de hoy en día. Políticas de flexibilidad, apuesta por el talento interno, autorresponsabilidad, veinte semanas de permiso por maternidad o paternidad y la libertad como bandera. Sin ninguna duda, esta compañía ha logrado que sus colaboradores sientan orgullo de pertenencia y que estén siempre motivados.

Cuando los empleados hacen suyos los objetivos de la empresa y perciben que esta satisface sus necesidades personales se obtienen numerosos beneficios, entre ellos:

- **Mayor productividad:** Los trabajadores muy motivados están más comprometidos con su trabajo y, en consecuencia, son más productivos. También es más probable que aporten nuevas ideas y soluciones a los problemas.

- **Compromiso:** Si se sienten apoyados y apreciados es más fácil que se comprometan e inviertan en su trabajo.

- **Creatividad e innovación:** Cuando un líder ama lo que hace inspira a los que lo rodean y los empuja a buscar nuevos caminos de creatividad e innovación.

- **Mayor competitividad:** Una fuerza de trabajo más productiva e innovadora es también una ventaja competitiva en el mercado.

- **Mejor imagen:** Los colaboradores contentos son embajadores de la empresa, pues hablan bien de su trabajo a familiares, amigos y conocidos. Los elogios transmitidos boca a boca pueden ser muy valiosos para atraer nuevos talentos.

- **Conservación del talento:** Los empleados motivados y comprometidos es mucho menos probable que busquen un nuevo trabajo. Para ello deben percibir que su trabajo es importante y que tiene un impacto positivo.

El éxito de cualquier empresa, como vemos, depende en gran medida de la motivación de sus trabajadores. La palabra «motivación» tiene su origen en el verbo latino *movere*, que significa «moverse», «poner en movimiento» o «estar listo para la acción». Por tanto, cuando hablamos de motivación nos referimos no a estar animados o contentos, sino a tener un motivo o estímulo que provoque pasar de la inacción a la acción.

En una obra anterior, *El pequeño libro de la motivación*,[61] profundicé en las teorías, impedimentos y disparadores de la motivación. Ahora, con el fin de actualizar después de la COVID-19 una de las propuestas, te resumo cuatro de las principales estrategias para estimular a tus equipos de colaboradores:

- **Personalización:** Consiste en entender las necesidades, compromisos y deseos de cada miembro del equipo y mostrar la flexibilidad oportuna para poder atenderlos. No se trata de buscar la microcomplacencia, sino de generar opciones que faciliten la relación. Esto requiere por parte de los líderes de la empresa una gran capacidad de negociación. Negociar es darle al otro lo que desea, con tus condiciones.

- **Desarrollo colectivo:** Se trata de estimular a tu equipo generando una filosofía de crecimiento continuo, de aprendizaje y de retos compartidos. Cada una de las personas que forman parte de tu organización debe comprender que su posición es dinámica y se recompensa en función de su progreso. No te centres en exclusiva en los objetivos económicos puntuales y apuesta por tener a los profesionales mejor preparados para cada necesidad.

- **Seguridad:** Un refugio ante el contexto ACID. Un lugar en el que la conversación continua, la aclaración de dudas, el compromiso a medio plazo y la protección individual sean una garantía. Forja una alianza con el equipo en la que se respete la naturaleza de cada individuo y les permita desarrollar todas las dimensiones de su ser en el marco de la compañía.

- **Reconocimiento:** La cultura de la apreciación deberá imponerse en las compañías que quieran prevalecer en un contexto de talento líquido en el que los profesionales pueden estar expuestos a mayor movilidad. Entender la conversación como la disciplina con mayor resultado pragmático es la gran revolución de los años venideros.

Cómo evitar el *burnout*

Además, en la práctica, podemos hacer muchas cosas para minimizar el *burnout* mientras generamos un contexto motivador para nuestros colaboradores. Permíteme presentarte algunas.

Adecuar la carga de trabajo

Genera una comunicación abierta con los miembros del equipo, asigna tareas según sus fortalezas y capacidades individuales, establece prioridades claras, fomenta la colaboración y delega responsabilidades adecuadamente. Debes monitorear el equilibrio entre la carga de trabajo y el bienestar del equipo.

Ambiente laboral positivo y centrado

Genera un ambiente positivo y centrado estableciendo un propósito claro y fomentando un diálogo de valor y consideración; reconoce y recompensa los logros, promueve la colaboración y el trabajo en equipo y cultiva un clima de confianza y respeto. Es imprescindible que compartas los objetivos y desgloses su seguimiento en porciones asequibles.

En mis dos décadas de trabajo con grandes compañías he descubierto que la esencia del trabajo en equipo eficaz y eficiente responde a una única esencia: la apetencia. Si te apetece conseguir el objetivo, hablar abiertamente del conflicto o la diferencia, seguir el ritmo y ver cómo se avanza y estar con las personas del equipo, te aseguro que es raro que las cosas vayan mal.

Oportunidades de desarrollo

Pese a que el término «meritocracia» está manido, es hora de que te preguntes si en tu equipo, proyecto o empresa estás asegurando la equidad necesaria para que todas las personas puedan desarrollar una carrera interna, desplegar sus capacidades y acceder a ciertas oportunidades (no solo jerárquicas, también de responsabilidad y confianza). Por otro lado, es esencial que evites jerarquizar el conocimiento (no, lo que opina finanzas no es más importante que lo que aporta el departamento de personal). Los liderazgos trascendentes saben que no pueden permitirse desaprovechar el talento y para ello escuchan y tienen una gran porosidad.

Cultura de apoyo

La salud mental es la pandemia silenciosa que está arrastrando realidades personales y corporativas. Es responsabilidad de todos activar las alertas para ayudar a quien lo necesite. Atrás debe quedar la cultura de la presión y el miedo. Fomenta el apoyo mutuo y transversal y no tardará en tejerse una red de seguridad en la que cada miembro del equipo se sienta protegido.

Técnica RRR: roles, reglas y resultados

Hace años, trabajando con American Express, creé un sistema sencillo que ayudaba a potenciar el trabajo en equipo. Esta técnica, denominada RRR, consiste en el uso de ejercicios concretos previos que faciliten la conexión y colaboración entre quienes pertenecen a un grupo de trabajo.

- **Roles.** En un equipo, cada miembro tiene un papel específico o conjunto de responsabilidades. Estos roles pueden estar basados en las habilidades, experiencias y talentos de los miembros individuales. Los roles claros ayudan a evitar conflictos y malentendidos sobre quién hace qué. Se puede aplicar una matriz RACI para que, dentro de un gran objetivo, respecto a cada tarea, todo el mundo sepa y acepte quién será la persona **responsable** (realiza el trabajo para completar la tarea), quién será la persona **aprobadora** (se encarga de que la tarea queda terminada y validada), quién, la persona **consultada** (tiene información necesaria para la ejecución de la tarea), y quién, la persona **informada** (debe tener conocimiento de progreso y resultado).*

- **Reglas.** Los equipos triunfadores suelen tener reglas o normas establecidas que todos los miembros del equipo deben seguir. Estas reglas pueden referirse a cómo se comunican quienes forman el equipo, cómo se toman las decisiones, cómo se resuelven los conflictos, etcétera. Las reglas claras ayudan a mantener la eficiencia y la armonía dentro del equipo.

- **Resultados.** Los equipos trabajan con la vista puesta en objetivos compartidos. Los resultados claros ayudan a mantener al equipo centrado y motivado. Además, el seguimiento de los resultados permite al equipo ver su progreso y hacer ajustes si es necesario. Para saber si en este sentido estás haciendo lo correcto, asegúrate de que cada miembro puede responder a cuatro preguntas:

---

* Existen diferentes versiones y alternativas, aunque el objetivo es siempre el mismo: que cada persona o grupo de personas, sepa qué rol ocupa en la tarea que está abordando.

1. ¿Qué se requiere exactamente de mí?
2. ¿Cómo he de entregar mi parte del trabajo?
3. ¿Para qué sirve lo que hago y cómo influye en el resultado global?
4. ¿Cómo puedo mejorar dicho resultado optimizando mi entrega?

Respeto del descanso

Cuando descansas, tu cuerpo se recupera y reinicia: la creatividad, la concentración y la memoria aumentan, el sistema inmune se fortalece, la presión sanguínea baja, la inflamación en el cuerpo se reduce y se recupera la energía. Puede que estés diciendo «¡Ya lo sé, Rubén!», pero déjame añadir algo: quien no tiene tiempo para el deporte deberá tenerlo para la enfermedad, quien no prioriza el descanso antepone la mediocridad. No arrastres a tu equipo (ni a ti) a la falacia de la ultraproductividad y la oficina permanentemente abierta.

Minimizar reuniones

Por cada hora de reunión, al menos tres de ejecución. Esa es la máxima que he establecido en varias compañías a lo largo del mundo y que en American Express me han oído en más de una ocasión. Establece los días sin reunión, convoca las reuniones con setenta y dos horas de antelación, organiza reuniones exprés de diez minutos… Encuentra tu sistema ideal y aplícalo con este mensaje en mente: tu función nunca va a depender de las reuniones que dispongas, sino de los resultados que asegures.

Desactivar los descarriladores

Enciende tu radar y detecta los comportamientos que suelen destruir el trabajo en equipo y la colaboración eficiente. Realiza un proceso de mejora inmediato si descubres en otros o en ti los siguientes comportamientos:

- **No decidir:** Reuniones infinitas o sesiones de trabajo poco claras o en las que no se toman decisiones que permitan avanzar.

- **T-Rex:** Esconderse en las reuniones para ocultar dudas o no significarse ante una decisión.

- **Perderse en detalles:** Olvidar que lo importante es el resultado y dedicar demasiado tiempo y esfuerzo a un elemento del proceso.

- **No creer en el otro:** No validar a alguien del equipo o mostrar un apoyo excesivo a determinados miembros.

- **Todólogos:** Opinar sobre todo, todo el tiempo, incluso sin tener la información completa, solo para aparentar conocimiento.

- **Perder el foco:** Olvidar el para qué de ese grupo de trabajo y su objetivo final.

- **Enamorarse de la idea propia:** Ser incapaz de cambiar de opinión y aceptar que una propuesta conjunta y sumatoria es siempre más deseable.

- **No sentirse parte:** Autoexcluirse de la toma de decisión, del ritmo del equipo, incluso de su emocionalidad.

Cómo potenciar el reconocimiento

Sumado a lo anterior, existen innumerables acciones que aceleran la excelencia de los equipos y favorecen el reconocimiento hacia su valía, más allá de las mencionadas reuniones de *feedback*. Si deseas fortalecer el sentimiento de pertenencia, no dejes de implementarlas.

Plan de acogida

No hay una segunda oportunidad para generar una buena primera impresión, así que diseña un proceso de acogida en el que hagas sentir al nuevo integrante cómodo, válido y como en casa. Dale a conocer las claves del negocio lo antes posible y acelera con un buen protocolo de acompañamiento su integración.

Entorno de trabajo

El entorno de trabajo influye en el estado de ánimo. Crear un ambiente confortable minimiza las distracciones y hace que los miembros del equipo deseen ir a trabajar todos los días. Es un catalizador para fusionar motivación, estado de ánimo y productividad.

Formaciones

Un equipo que se siente preparado ante los retos y el día a día es más productivo, seguro, creativo y comprometido. Forma al equipo en el uso de las herramientas y asegúrate de que el contenido es práctico, útil y adaptado a sus circunstancias. Te sugiero algunas *soft skills* que suelen generar un gran resultado: autoliderazgo y responsabilidad, reuniones eficaces, comunicación, negociación o gestión de conflictos.

Teletrabajo

Potencia el trabajo híbrido y a distancia, pero no te limites a las reuniones virtuales. Añade sesiones de creación de equipo, charlas informales o sobre hobbies, etcétera. ¡Y no tengas al equipo todo el día en la pantalla!

Acciones de efecto instantáneo

Por ejemplo, generar itinerarios de evolución profesional; promover el contacto directo con los líderes; reconocer el trabajo bien hecho; establecer objetivos semanales manejables; dar *feedback* trimestral sobre el desempeño; celebrar sesiones de equipo tipo *speed dating*, etcétera.

Diversidad e inclusión

Estimula conversaciones marcadas por la aceptación y el respeto en las que la diferencia no sea excluyente, sino un aprendizaje enriquecedor para el proyecto. Si un miembro de una minoría siente que es aceptado y acogido en la compañía, el sentimiento de pertenencia se multiplica por mil.

Experiencias

Salir y explorar cosas nuevas proporciona a los empleados la oportunidad de compartir y hacer algo diferente. También ayudan las experiencias relacionadas con el *wellness* y centradas en el cuidado de la salud física y mental. Este tipo de actividades no requieren un gran esfuerzo por parte de la empresa y para los colaboradores son un incentivo maravilloso que les hace salir de la monotonía, les motiva y potencia su espíritu de equipo.

Celebraciones

Un cumpleaños es siempre una ocasión especial. La recuperación tras una enfermedad grave o el nacimiento de un hijo, también. ¿Por qué no demostrar a los trabajadores que sus ocasiones especiales también lo son para la organización? Usa tu imaginación para lograr que las celebraciones sean algo colectivo.

Estas y otras iniciativas te ayudarán a formar un equipo de trabajo eficaz, sano y con mucho futuro. Un equipo de trabajo resiliente ante cualquier crisis.

Antes de terminar, necesito hablarte de algo que en mi investigación me heló la sangre. Cada año mueren miles de personas por exceso de trabajo en todo el mundo. Este suceso se conoce en Japón como *karosh*; en China, como *guolaosi*, y en Corea del Sur, como *gwarosa*. Los motivos son muchos, entre ellos una conexión patológica entre el compromiso con la compañía y las horas trabajadas; una cultura enfermiza en la que el trabajo es el centro vital de las personas; el cáncer de la ultraproductividad y, por supuesto, un círculo consumista malsano que las diferentes crisis económicas han agravado. Proteger tu salud y la calidad de vida de tu equipo es la mejor inversión posible. Que nadie te convenza nunca de lo contrario.

El tercer equipo: la comunidad

Tus usuarios y tus clientes son el corazón de tu comunidad y deben ser tu principal prioridad. Es importante que crees un entorno seguro y de apoyo en el que puedan interactuar entre sí y con tu empresa. Un entorno en el que haya comunicación en ambas direcciones. Si los escuchas, podrás saber qué necesitan y cómo ayudarles.

Solo trabajando con ellos podrás crear una verdadera comunidad empresarial de la que os beneficiéis todos.

Es hora de reinterpretar la dinámica transaccional y permitir que la experiencia de ese intercambio deje de ser utilitarista para convertirse en memorable. En IKEA, por ejemplo, lo consiguen invitando al cliente a jugar diseñando sus nuevas cocinas. En los hoteles NH, con su iniciativa Lucky Guest, que consiste en elegir a una persona cada día para extremar su cuidado y confort. Estrategias omnicanal, planes personalizados, mediciones de satisfacción, espacios físicos o digitales de encuentro entre miembros de la comunidad... Existen muchas maneras de abordar la creación de una comunidad bien articulada. Si deseas construir una organización sólida, esta debe ser una tarea esencial.

American Express, la empresa con la que arrancábamos esta sexta regla de oro, siempre ha ido un paso por delante en la construcción de comunidad. No solo la ha creado con sus colaboradores, sino también con sus clientes. Esto se hizo patente, por ejemplo, al estallar la Primera Guerra Mundial. Más de ciento cincuenta mil estadounidenses estaban en Europa cuando empezó la contienda y muchos de ellos pudieron volver a su país gracias a un consorcio formado por nueve bancos de Estados Unidos y American Express, que mandaron diez millones de dólares en oro a Europa. La empresa fue además la elegida por Reino Unido para hacer envíos a sus soldados cautivos: cada día mandaba ciento cincuenta toneladas de dinero, cartas y paquetes a los campos de prisioneros en territorio alemán. Otro momento de orgullo para la firma fue la Gran Depresión, ya que cuando todos los bancos de Estados Unidos cerraron sus puertas, American Express siguió canjeando sus cheques de viajes. «Nunca dejamos un impagado», presume Juan Ortí, su presidente en España. En nuestros días, la comunidad de AMEX, como se la llama abreviadamente, siente el orgullo de sus salas VIP Centurión en los aeropuertos, la atención personalizada al cliente y las tarjetas de crédito Platinum.

Wikipedia es otro increíble caso de éxito gracias a la comunidad. Su proyecto ha triunfado porque se basa en las contribuciones de sus usuarios. Según su fundador, Jimmy Wales, «el éxito se reduce a confiar en la gente y en sus aportaciones». Desde su lanzamiento en 2011, Wikipedia ha logrado reunir más de cincuenta y seis millones de artículos y mil millones de visitantes únicos al mes.

Destaca asimismo el ejemplo de Salesforce, que ha creado una comunidad global de casi dos millones de miembros que se apoyan de modo constante. Organizan eventos, producen contenidos y son una parte fundamental de su auge internacional. Esta comunidad es una red de mentes, talento y tiempo que ayuda a impulsar la agenda corporativa de la empresa. También organiza la conferencia anual, que atrae a casi doscientos mil asistentes a San Francisco cada año. Igual que peregrinos hacia La Meca, todos los miembros de su ecosistema viajan hasta allí para reunirse, establecer relaciones y ampliar su alcance. Como ves, no todo el éxito de Salesforce se debe a su innovación en materia de *software*. Su comunidad ha desempeñado también un papel esencial.

Gran parte del triunfo de American Express, Wikipedia y Salesforce se debe a que estas compañías han sabido cuidar a sus colaboradores a lo largo de los años y crear una verdadera comunidad de usuarios, que en muchas ocasiones son verdaderos fanes. Han sabido hacerlos partícipes de las motivaciones, los objetivos y los logros de la empresa, demostrando así una gran capacidad de liderazgo. Son un magnífico ejemplo de cómo se deben hacer las cosas, de cómo se construye una sólida relación con los colaboradores y los clientes, un vínculo que puede ayudarnos a superar muchos de los obstáculos que la realidad y las circunstancias nos ponen en el camino.

TAKE-AWAYS
Sé equipocentrista

* Las empresas más resistentes a las crisis son aquellas que generan afinidades personales y vínculos sociales profundos.

* Una fórmula sencilla que resume cómo crear sentimiento de grupo es la de CREDO, acrónimo de confianza, responsabilidad, ejemplo, desarrollo y objetivos.

* Está en tu mano trabajar para que las personas que te acompañan en tu aventura empresarial la tomen como propia y se sientan motivadas.

* En el ámbito empresarial hay tres niveles en la creación de equipos: los líderes, los colaboradores y la comunidad.

* Las principales funciones de un líder son: compartir un propósito, proporcionar orientación, dar ejemplo, crear entornos de trabajo positivos, introducir cambios con sentido, ayudar a las personas a satisfacer sus necesidades, resolver conflictos, aumentar la moral y mantener la exigencia.

* La desafección de los colaboradores puede deberse a diferentes causas, entre ellas: la inflexibilidad en las condiciones de trabajo, la falta de conexión con los rangos jerárquicos superiores o la microgestión de los líderes.

* Motivar a los colaboradores contribuye a crear equipos eficaces y resilientes ante las dificultades, lo que refuerza la empresa en entornos de crisis y constituye una ventaja competitiva.

* Crear una verdadera comunidad en torno a la empresa y sus productos también nos ayudará a superar obstáculos.

Séptima regla
Hazlo sencillo

Convierte tu negocio en el refugio de otras vidas complejas.

VERONIKA KIRCHMAIR,
directora de St. Peter Stiftskulinarium,
fundado en 803

De la mano de Fusajirō Yamauchi, su fundador, Nintendo se especializó en sus inicios en la fabricación de una baraja de cartas muy popular en Japón llamada hanafuda. *Gracias a esto logró convertirse en la primera y más importante compañía nacional del sector. Cuando los herederos de Fusajirō, todavía miembros de la familia Yamauchi, tomaron sus riendas, se propusieron que la empresa creciese en ventas y en relevancia, para lo cual decidieron modernizar las cartas. En 1959 alcanzaron un acuerdo con la todopoderosa Disney y lanzaron una baraja con sus míticos personajes. No obstante, la iniciativa no tuvo una gran acogida y las ventas de Nintendo bajaron. Decidieron entonces centrarse en algunos juegos de mesa tradicionales, como el* mahjong *y el ajedrez, y recuperaron la senda del éxito.*

A mediados de los sesenta, la empresa funcionaba a buen ritmo y sus trabajadores gozaban de una buena calidad de vida y de trabajo. No obstante, uno de ellos, un joven ingeniero llamado Gunpei Yokoi, se aburría con los juegos de mesa y se entretenía inventando nuevos juguetes. Un día, el presidente de la compañía en aquel momento, Hiroshi Yamauchi, lo descubrió jugando con una especie de brazo metálico. El artilugio se extendía y contraía mediante unas manijas y contaba al final con unas ventosas para atrapar objetos. Le pareció una idea brillante y comenzó a desarrollarla a gran escala. El resultado fue espectacular. Ese juguete, llamado Ultra Hand, catapultó a Nintendo como empresa líder del sector de los juegos, con más de un millón y medio de unidades vendidas.

Para la compañía, este giro de los acontecimientos fue la señal de que su camino debía ser el diseño y la fabricación de juguetes sencillos con un funcionamiento fácil de entender. Esta es la filosofía que aplicaron un tiempo después, cuando crearon sus primeras videoconsolas y juegos electrónicos. Impulsada por la fuerte competencia procedente de Estados Unidos, con marcas como Atari, Sega y Sony, su forma de ver el juego y de diseñar los productos les permitió hacerse un lugar en aquel floreciente mercado. La historia demuestra que acertaron: de las veinte videoconsolas más vendidas de la historia, diez son Nintendo. La clave está en la sencillez de sus productos, que acorta los procesos de estrés tanto en la adopción de los dispositivos como en las dinámicas de sus juegos.

La semilla que en 1889 plantó Fusajirō Yamauchi cuando fundó la empresa sobre la sencillez de una baraja de cartas dio tiempo después frutos como Mario Bros, Pokémon, The Legend of Zelda, Wii Sports o Tetris. Todos ellos son juegos fáciles de entender, con mecánicas sencillas y visualmente básicos pero memorables. Su diseño remite a los videojuegos clásicos de la década de los ochenta, cuando los gráficos eran sencillos y la jugabilidad era lo más importante.

Hoy en día, Nintendo se mantiene como uno de los desarrolladores de videojuegos más exitosos del mundo gracias a una comunidad unida y a sus personajes e historias memorables. Tanto es así que en 2023 estrenaron la película Super Mario Bros, *con la que consiguieron batir récords de taquilla, y la convirtieron en el mejor estreno de una película animada de la historia.*

Tegewa, el arte de hacerlo fácil

Aunque a veces alardeamos de que nos gustan los grandes retos, en el día a día tendemos a elegir, de forma consciente o inconsciente, las opciones más sencillas, como han demostrado numerosos estudios sobre este sesgo del comportamiento humano.[62] Este es precisamente uno de los secretos del éxito de Nintendo, la sencillez de sus juegos, que nos resulta agradable y reconfortante. Desde sus orígenes, la compañía aplica a sus productos un concepto japonés, el de *tegewa,* que significa «piensa con sencillez, no te compliques».

Ahora bien, no debemos confundir sencillez con simpleza. La primera nos conduce a la virtud y a la sabiduría mediante la eliminación de lo superfluo e innecesario. No se trata de quedarse en lo superficial, sino de alcanzar la esencia mediante un proceso que no acostumbra a ser fácil. El monje budista Matthieu Ricard lo explica muy bien: «Tener una mente sencilla no es ser simple, al contrario. La sencillez de la mente va acompañada de lucidez. Como el agua clara que permite ver el fondo del lago, la sencillez permite ver la naturaleza de la mente detrás de los velos de los pensamientos errabundos».[63]

Hay, por tanto, diferencias entre simple y sencillo:

- Lo simple no sabe a nada, mientras que lo sencillo destaca por el sabor intenso y concentrado que resulta de destilar lo importante y desterrar lo superfluo.

- Lo simple no deja apenas huella en lo que nos rodea. Lo sencillo, en cambio, puede conducirte a lo trascendental.
- Lo simple es denso, torpe y poco útil, mientras que lo sencillo destaca por su fluidez, su flexibilidad y su funcionalidad.
- Lo simple se relaciona con la ignorancia; lo sencillo, con la sabiduría.

Si llevamos estas premisas al mundo empresarial, vemos que la sencillez suele ser una de las claves de las compañías exitosas. Los proyectos sin complicaciones tienen más probabilidades de triunfar que los complejos, ya que la sencillez requiere de una comprensión profunda de lo que estamos haciendo. Como ejemplo, tenemos Google, que ha hecho de la sencillez su bandera. Su popular página de inicio lo demuestra. Su sencillo diseño no es en absoluto casual. De hecho, la empresa cuenta con un riguroso sistema que impone estrictas restricciones sobre lo que puede y no puede añadirse a esa página, a menudo en contra de los deseos de los ingenieros creativos de Google e incluso de los clientes. La tarea de conservar la sencillez comporta decir que no a características que son populares entre los usuarios o que harían el sitio más completo. Es un trabajo difícil, pero ayuda a mantener a Google como el motor de búsqueda más usado del mundo, y con diferencia.[64]

La sencillez también tiene que ver con centrarte en lo que dominas, un tema del que ya hablamos en el capítulo «Sé previsible». El caso de Starbucks es muy ilustrativo al respecto. A principios de los dos mil, viendo su gran éxito mundial, el equipo de dirección decidió crear una discográfica y una productora cinematográfica, Starbucks Entertainment. Destinaron muchos recursos a los nuevos proyectos, lo que hizo que se resintiera la calidad del café y del servicio en las cafeterías, su negocio principal.

A esta decisión se sumó en 2008 y 2009 la gran crisis mundial, que obligó a la compañía a cerrar novecientos establecimientos. Su estrategia para salir de la crisis fue precisamente el *tegewa*, o sea, dejar de complicarse: abandonó negocios en los que no era experta y se centró en el café, revisando su calidad y la del servicio que ofrecían. En febrero de 2008 organizó unas sesiones de formación destinadas a todos sus baristas para asegurarse de que servían el café de manera perfecta; asimismo decidió ofrecer bocadillos y pasteles. Simple y sencillo, pero efectivo, pues la compañía salió airosa de la crisis.

Veamos a continuación cómo aplicar la sencillez a las cinco P que determinan la fortaleza interior de cualquier empresa: producto, procesos, personas, planificación y posicionamiento.

Sencillez aplicada al producto

La ley de Hick establece que cuantas más opciones se presentan a un usuario, más tiempo tarda este en tomar una decisión.[65] Es puro sentido común, pero a menudo lo olvidamos todos, incluso los gerentes de producto, los diseñadores y los vendedores.

Cuanta más complejidad tiene un producto o un servicio, mayor es la probabilidad de que aparezca una grieta por la que pueda colarse una crisis. El mundo ya es muy complejo, por eso las personas preferimos en general las experiencias sencillas. Estas aportan claridad en lugar de confusión, decisión en lugar de duda. Las recompensas para las empresas son también claras: más rapidez en la adopción y recomendación, mayor lealtad del cliente y, como consecuencia de todo ello, mayores ingresos y proyectos más resistentes.

Un producto o servicio es sencillo cuando:

- Ofrece al comprador la ruta más corta y fácil para satisfacer sus necesidades.
- Consiste solo en lo indispensable para que los usuarios y la empresa cubran sus necesidades.
- Está diseñado para resultar familiar y de uso intuitivo.

Dicho de otra forma:

- Si es difícil de entender, no es sencillo.
- Si es difícil de usar, no es sencillo.
- Si es difícil de incorporar a nuestra vida, no es sencillo.

Los artículos de higiene personal suelen ser buenos ejemplos de productos útiles y sencillos. Algunos, gracias a la franqueza de su propuesta, fueron revolucionarios en su momento. El jabón líquido, por ejemplo, lo patentó en 1865 William Shepphard; la maquinilla de afeitar la inventaron en 1888 los hermanos Kampfe; y el tampón con hilo y aplicador lo creó en 1929 el médico osteópata Earle Haas. Los nombres de estas personas probablemente no te suenan, pero seguro que sí te suenan las empresas que comercializan sus inventos: Johnson & Johnson, Gillette y Tampax, entre otras.

Un caso muy curioso es el de Converse Rubber Shoe Company, fundada por Marquis Mills Converse en 1908 en Massachusetts, Estados Unidos. Converse fue, en 1917, el primer fabricante de calzado que introdujo una suela de goma en sus zapatos, con lo que creó un calzado cómodo y sencillo. Pronto se puso de moda entre electricistas, obreros y transportistas. Y no solo eso: su versatilidad hizo que lo adoptaran los jugadores de baloncesto para la práctica de este deporte. Incluso se convirtió en el calzado de moda entre estrellas del cine y de la música como James Dean, Elvis Presley, Los Ramones o Kurt Cobain, entre otros.

Décadas después apareció la competencia, como era de esperar. Nike, Reebok y Adidas pusieron en marcha estrategias muy agresivas. Cuando Michael Jordan anunció las Nike Air en 1985, Converse vio peligrar su corona y empezó a diseñar modelos cada vez más sofisticados para imitar a sus competidores, y sus nuevas colecciones se iban alejando más y más de sus sencillos modelos tradicionales. Pero la estrategia no funcionó y en 2001 llevó a la compañía a la quiebra.

En 2003, Nike adquirió la compañía. ¿Sabes lo primero que hizo? Abandonar las líneas complejas y traer de vuelta las Chuck Taylor blancas y negras, algo que los antiguos propietarios podían haber hecho si hubieran mantenido la cabeza fría y hubieran seguido apostando por la sencillez como uno de sus valores básicos.

Sencillez aplicada a los procesos

Es aterrador oír en las medianas y grandes empresas hablar de los problemas asociados al exceso de reuniones, la falta de claridad en las responsabilidades, las pérdidas de tiempo, la excesiva burocracia, los infinitos correos «en copia», las esperas y bloqueos por falta de autorización, etcétera. Se les podría aplicar aquella máxima irónica que reza: «Para qué hacerlo fácil si lo puedes hacer complicado».

Las empresas centenarias, en cambio, apenas necesitan un pequeño trozo de papel para explicar su proceso productivo. Si preguntásemos a la empresa de transporte italiana Augustea, fundada en 1629, obtendríamos una respuesta sencilla: «Llevamos cosas de un lugar a otro a través del mar». En la empresa más antigua de España, Casa de Ganaderos, escucharías un escueto: «Comercializamos carne de los corderos de nuestros socios desde 1218». Y si dirigiéramos la pregunta a los monjes de la abadía de St. Peter, cuyo restaurante abrió en el año 803, te dirían: «Damos de comer al hambriento».

Con cualquiera de esas respuestas podemos entender, casi sin explicación, los procesos que sostienen el negocio. Estas empresas aplican la sencillez a los procesos para conseguir que el producto o servicio recorra el camino desde la idea hasta el cliente con la menor intervención posible y los mínimos recursos (eso sí, sin sacrificar la calidad). Son conscientes de que la simplificación de procesos evita el error humano, genera entornos de trabajo más productivos, impide la sobredimensión de las estructuras, genera ahorros financieros y aumenta la rentabilidad. Y todo eso, como es lógico, minimiza de manera drástica la posibilidad de sufrir crisis en el futuro.

Si tras leer estas líneas ha despertado en ti la necesidad de revisar y optimizar los procesos de tu proyecto, departamento o compañía, te sugiero que lo hagas siguiendo estos pasos:

1. **Selecciona el proceso que deseas mejorar.** Es importante que elijas cuidadosamente el primero de los procesos en los que trabajarás, ya que si aciertas en él, sin duda generarás un efecto dominó en otros. Hazte estas preguntas para valorar tus opciones:

   - ¿Cuáles son los procesos más importantes para mi negocio?
   - ¿Cuáles consumen más tiempo?
   - ¿Cuáles se usan con más frecuencia?
   - ¿Cuáles parecen anticuados?
   - ¿Cuáles podrían delegarse de manera sencilla si se retocan?
   - ¿Cuáles podrían mejorar si se externalizan?

2. **Asigna la responsabilidad del cambio.** Nombrar a una persona específica para impulsar el cambio es esencial para mejorar un proceso desde dentro. Si bien pueden estar vinculadas a la tarea de mejora varias personas, una debe ser la encargada de dinamizarla, hacer un seguimiento e implementar las soluciones en el tiempo pactado. Este «propietario» de la iniciativa podrá seleccionar a su equipo, pero será el único interlocutor válido en el proceso.

3. **Registra los actuales protocolos.** Debes documentar cómo funciona en la actualidad el proceso que deseas mejorar para comprobar posteriormente el avance. Si el proceso ya está registrado, asegúrate de que no existe una disonancia entre la metodología descrita y el modo de llevarla a la práctica.

    Especifica, sobre todo, lo siguiente:

    - Cómo se inicia y cómo sabes que esa tarea se ha completado.
    - Todos los pasos necesarios de inicio a fin.
    - Los roles de las personas involucradas y quién realiza cada paso.
    - Los recursos o la información que se precisa para realizarlo.
    - Lo que genera dicho proceso.
    - Excepciones al flujo del proceso.

Cuando hayas terminado de documentar estos puntos, vuelve a comprobar que entre tu registro y la práctica no haya discrepancias. Documentar un proceso tiene también otras ventajas: promueve el intercambio de conocimientos y las buenas prácticas dentro de la compañía, ayuda en la incorporación de nuevos miembros al equipo, etcétera.

4. **Identifica cuellos de botella, obstáculos y problemas.** Durante la realización del tercer paso aparecerán aspectos que se pueden pulir, como tiempos muertos poco productivos, personas con roles poco definidos o sobredimensionados o elementos que pueden delegarse, exteriorizarse o automatizarse. Encontrar estos obstáculos ayuda a tener claridad sobre el proceso de análisis. Una buena pregunta en este punto es: «Si tuviese que empezar de cero, ¿cómo lo haría ahora?».

5. **Busca formas de resolver esos problemas.** Reúne a un grupo para hacer una reunión creativa sobre cómo abordar los elementos problemáticos. Trata de eliminar tantos cuellos de botella, obstáculos o problemas como sea posible. La tecnología, en particular las herramientas de automatización, a menudo pueden ayudar a resolver problemas de eficiencia. Es posible que la automatización ya esté integrada en las herramientas que usas de forma regular, pero quizá no se esté aprovechando, así que comprueba las herramientas que utilizas y analiza cómo puedes emplearlas más eficazmente. Si la situación lo justifica, plantéate invertir en una herramienta que sea útil para eliminar el trabajo manual innecesario.

6. **Prueba tu nuevo proceso.** Cuando pruebes el nuevo proceso, pregúntate:

- ¿Cómo funciona ahora?
- ¿Mejora el resultado?
- ¿Lo ha probado alguien más?

- ¿Ha sido fácil explicarlo?
- ¿Sigue necesitando los mismos recursos?
- ¿Sigue necesitando el mismo equipo humano?
- ¿La entrega final ha resultado beneficiada?

Estas preguntas sin duda te ayudarán a recopilar los datos precisos para continuar refinando el proceso. Es poco habitual conseguir en el primer ciclo de mejora la máxima simplificación posible, por lo que debes plantearte las mejoras como una sucesión permanente de ciclos PDCA o *kaizen*.

7. **Comparte.** Una vez afinado el proceso, que no terminado, debe comunicarse al equipo y, si hace falta, darle a este la formación que precise. También es importante reconocer el trabajo tanto de la persona «propietaria» del proceso de mejora como de todo el grupo que ha colaborado en él.

Sencillez aplicada a la planificación

La mayoría de los planes estratégicos mueren al ser comunicados a los equipos de trabajo porque son demasiado complejos, porque dejan hueco a las interpretaciones, porque permiten elementos o pasos personalizables, porque los mandos directivos no saben comunicarlos de manera adecuada o porque no existe el correcto seguimiento.

La sencillez de los planes estratégicos y de acción favorece su ejecución. En realidad no es difícil, ya que toda planificación estratégica puede resolverse respondiendo a seis preguntas elementales:

1. ¿Qué quiero conseguir?
2. ¿Por qué o para qué quiero conseguirlo?
3. ¿Con qué recursos cuento?
4. ¿Quién puede proporcionarme los recursos que necesito y no tengo?
5. ¿Qué acciones voy a llevar a cabo?
6. ¿Cómo voy a asegurar su cumplimiento y seguimiento?

Como ves, simplificación máxima.

Lo mismo se puede aplicar a los planes de crisis. Estos deben contemplar tan solo cuatro apartados: prevención, preparación, respuesta y recuperación. Si los complicamos mucho, luego no se pueden aplicar. Sucede como en la famosa frase del boxeador Joe Louis: «Todo el mundo tiene un plan hasta que recibe el primer puñetazo».*

Todo manual de prevención de crisis debe basarse en la siguiente fórmula:**

«Si pasa W, X hará Y y se asegurará de Z».

W = el problema futuro.

X = la persona o personas responsables de la acción.

Y = la acción concreta que se ejecutará.

Z = el estado final deseado cuando se solvente el problema.

Así de sencillo.

---

* Esta frase suele atribuirse a Mike Tyson, pero Joe Louis, campeón desde 1937 hasta 1949, la pronunció mucho antes haciendo referencia a otra frase, esta del duque de Wellington: «La estrategia acaba cuando el combate comienza».

** Te anuncio aquí, en pequeñito, que, si este libro tiene buena acogida, mi próximo libro será un manual táctico para afrontar cualquier crisis con el que aprenderás a elaborar tu propio plan de intervención.

Sencillez aplicada a las personas

En el mundo de los negocios a menudo se asocia el éxito de un proyecto con el número de personas que trabajan en él. No es raro descubrir en foros públicos a CEO que se autopresentan con la cifra de las personas que forman su equipo, como si estas fuesen cabezas de ganado y ellos ilustres terratenientes del siglo XIX. Pero, como hemos visto ya en este libro en diferentes contextos, más no siempre es mejor. Veamos algunos ejemplos.

La empresa Zaiso Lumber, fundada en Japón en 1690 por un comerciante de madera llamado Zaimokuya-Sobee, considera que cada uno de los trabajadores de su planta debe ser valioso. Para asegurarse de ello realiza un seguimiento constante del rendimiento, fortaleciendo puntos débiles y acompañando a los trabajadores en los ciclos de aprendizaje. Esta forma de entender la compañía le ha evitado caer en la sobredimensión de los equipos. Con ciento sesenta y siete personas factura cerca de cincuenta millones de euros al año, tiene unas cuentas saneadas y muestra un fuerte músculo financiero.

Zaiso no puede compararse con hitos como el de WhatsApp, que tenía solo cincuenta y cinco empleados cuando la adquirió Facebook por diecinueve mil millones de dólares en 2015; o con el equipo de veinticinco personas que en 2011 creó la versión completa de Minecraft, el videojuego que tras vender más de doscientos millones de copias es el más vendido de la historia; o con Built-With, que factura por sus servicios tecnológicos catorce millones al año con solo una persona en el equipo… Ahora bien, para ser una empresa no digital fundada hace más de trescientos años, sus logros no están nada mal.

Trabajar con equipos ajustados tiene numerosas ventajas:

- Mejor sintonía con los objetivos.
- Mejor coordinación.
- Mejor delegación del trabajo.
- Mejor calidad.
- Mayor productividad.
- Mayor capacidad de respuesta.

Otra importante ventaja de la sencillez en los equipos es que cada uno de sus integrantes comprende con más facilidad sus funciones. Cuando una persona entiende lo que tiene que hacer y las repercusiones de hacer bien su trabajo, aumentan la claridad, la concentración, la seguridad, la autoestima, etcétera.

Que quede claro que esto no es una apología de las reducciones irracionales de recursos humanos, sino más bien de su optimización inteligente para que cada persona desempeñe el rol adecuado, los departamentos sean los necesarios y la dimensión del personal sea la justa.

En tu caso, ¿podrías asegurar que tienes un equipo correctamente dimensionado en el que cada persona conoce a la perfección su rol y su impacto en la organización y en el producto o servicio final?

Si no has respondido con un sí rotundo, revisa tu estructura y... ¡hazla más sencilla!

Sencillez aplicada al posicionamiento

El posicionamiento ideal es aquel que toma un concepto representativo de la marca y lo lleva hasta sus últimas consecuencias. Todo lo relacionado con la compañía, el proyecto o el producto o servicio debe estar impregnado de ese concepto: la comunicación, las instalaciones, el discurso de ventas... Incluso las diapositivas de sus presentaciones. ¡Todo!

La sencillez debería ser una premisa básica de todas las acciones de marketing. Me emociona cuando encuentro una campaña que logra conectar con el público usando pocos medios y mucha creatividad. Recuerdo, por ejemplo, la de una conocida serie de televisión. Consistía en una postal negra con un pósit amarillo pegado en ella donde se leía: «Prueba A». Todo el mundo levantaba el papel amarillo, claro, y debajo la gente encontraba este mensaje: «Si tras cuatro temporadas no sabes que para manipular pruebas hay que llevar guantes de látex... es que necesitas una quinta». La serie era *CSI.*

También algunas campañas de *street marketing* logran una gran repercusión poniendo creatividad y sencillez al servicio del posicionamiento. Una de ellas consistió en eliminar los asientos de los bancos de un parque y dejar solo los respaldos. En ellos aparecía escrito, simplemente: «Run». Y a lado, el logo de la marca, que no era otra que Nike.

También recuerdo una muy impactante y sencilla de Jeep, consistente en dibujar plazas de parking en lugares imposibles como escaleras, rotondas o fachadas. Solo se veía un rectángulo pintado con líneas blancas, la tradicional letra P en el interior y un pequeño emblema de Jeep. No hacía falta más para entender que con sus vehículos podías llegar a cualquier lugar.

El posicionamiento, como te comentaba más arriba, va más allá de las campañas publicitarias y debe impregnarlo todo. En la sede de Coca-Cola España, por ejemplo, las puertas de la entrada principal tienen como tirador una gran chapa del mítico refresco. Al abrirlas se oye el típico sonido de cuando levantas la chapa de una botella. Además, el aparcamiento huele a caramelo de Coca-Cola y los pasillos, que en otros lugares suelen ser grises, están decorados con los personajes y escenarios de su campaña «La fábrica de la felicidad». Cientos de detalles inundan los rincones de la sede y, aunque no están a la vista del cliente final, sirven para reforzar su posicionamiento entre los empleados, colaboradores externos, proveedores, etcétera.

Un ejemplo claro y sencillo de posicionamiento es el de la joyería Tiffany, fundada en 1837. Charles Lewis Tiffany creó un nuevo concepto uniendo tres sencillos elementos que hoy siguen identificando la marca:

1. **El color azul verdoso.** En la época en que abrió la joyería, la turquesa era la gema favorita de las novias victorianas, que solían regalar a sus damas de honor un broche de turquesas en forma de paloma como recuerdo de la boda. La marca utilizó este color desde al menos 1845, cuando publicó el *Blue Book*, su catálogo de productos, y lo distribuyó por todo Estados Unidos.

2. **Los diamantes.** Ante la gran demanda de turquesas que había en la época, Tiffany decidió centrarse en otra piedra preciosa, el diamante, y creó su propio tallado, el «corte Tiffany».

3. **El anillo de compromiso.** Este icono, que hoy en día puedes poner en tu diccionario de emojis, lo inventó Tiffany. En 1886 ideó el que se convirtió en el anillo más vendido del mundo, un aro con un diamante engarzado en seis garras que permitían contemplar la piedra de un modo jamás visto (y la luz reflejándose en ella, gracias a su exquisito corte).

El posicionamiento de la marca, fundamentado siempre en estos tres elementos, sigue siendo hoy en día una referencia.

Por tanto, si quieres hacerte un hueco en la mente del cliente y deseas que sea para siempre, como los diamantes, no dejes nunca de mantenerte fiel a la sencillez.

TAKE-AWAYS
Hazlo sencillo

* La complejidad siempre es el caldo de cultivo de las crisis.
* No confundas simple con sencillo.
* Perfecciona tus productos para que sean fáciles de entender, utilizar y explicar a terceros.
* Implementa sistemas de comprobación constante del respeto a la sencillez.
* Estimula una dinámica de perfeccionamiento de los procesos en la que no haya pasos innecesarios.
* Simplifica al máximo tus planes estratégicos.
* Facilita a tus colaboradores una experiencia de rendimiento y productividad que se centre en lo importante.
* Impulsa campañas de posicionamiento creativas y sencillas.

Octava regla
Persigue
la trascendencia

Odia la idea de ser quien deje ir tu negocio.

MASAKAZU TANAKA,
presidente de Tanaka Iga,
fundada en 885

Imagínate por un momento en una inspiradora cafetería del barrio de Camden Town, en Londres. Ahora lleva tu imaginación un poco más lejos y visualízate compartiendo mesa con los físicos Albert Einstein y Stephen Hawking, los filósofos Georg Wilhelm Friedrich Hegel y John Locke, los escritores Jane Austen y Oscar Wilde y el economista Adam Smith, enfrascados todos en una cálida y apasionante conversación. Imagina que la extraordinaria Jane Austen le cuenta a Wilde, de forma apasionada, la sinopsis de su próxima historia mientras este fuma (haremos la vista gorda) en su pipa favorita; muy atento lo observa Hawking, aunque todos los presentes intuyen que su mente se desconecta a ratos del presente y vuela por complejos universos. Quizá después tome la palabra Adam Smith, quien, mientras disfruta de un buen whisky escocés (o quizá un Suntory), expone cierta teoría económica sobre la que trabaja, esperanzado con poder ayudar al orden mundial. Junto a él, enzarzados en una conversación bastante encendida, los intratables Hegel y Locke filosofan sobre la concepción del Estado. Y mientras, a tu lado, Albert Einstein pergeña una revolucionaria fórmula en una servilleta y te la pasa lleno de orgullo para que le des tu opinión.

Una experiencia impagable, ¿verdad?

Todas las personalidades mencionadas tienen en común que han dejado un legado indiscutible a la humanidad, cada una en su disciplina. Pero no solo eso: todas confiaron, al menos en una ocasión durante sus exitosas carreras, en la misma organización para publicar sus descubrimientos, sus reflexiones o sus teorías: Oxford University Press. La editorial universitaria más famosa del mundo, con la mayor presencia global, fue fundada en 1476 por William Caxton. Es la más antigua y la segunda más grande después de Cambridge University Press. Cinco siglos y medio después de su creación, sigue editando cientos de nuevas publicaciones cada año, está presente en más de ciento setenta países y emplea a más de cinco mil personas, que trabajan en sus sedes de Oxford, Londres, Nueva York, Toronto, Boston, Los Ángeles, Dubái y muchas otras ciudades.

A pesar de ser una organización tan antigua, no ha dejado nunca de adaptarse a la realidad de cada momento, siempre con la vista puesta en perpetuar su legado. La última decisión en este sentido fue la de cerrar, en junio de 2021, la parte de la organización dedicada a las impresiones en papel de las obras. Su producto es tan esencial y trascendente que, ante la guerra de precios en el sector de la impresión y los costes imposibles de su propia imprenta, decidió externalizar este servicio. El valor de la obra no depende de quién imprima dicho conocimiento. Lo que de verdad importa es «el cuentito», que es como llaman los guionistas de cine argentinos a la esencia misma de una historia, a lo que se quiere transmitir y puede transformar algo o a alguien.

El alcance histórico de Oxford University Press trasciende a las personas que en cada momento dirigieron la editorial. Su labor de transmisión del conocimiento ha hecho avanzar a la humanidad. Sin ella no se habrían podido curar innumerables enfermedades, no se conocerían las claves del comportamiento humano ni habría sido posible la exploración del espacio. Estamos ante algo que supera a las personas como individuos, algo que las trasciende. Un legado para la eternidad.

La vocación de trascendencia de Oxford University Press es la misma que ha hecho perdurar a los Henokiens, las shinise y muchas otras empresas longevas. Lejos de los egos que hoy marcan el destino de grandes corporaciones como Tesla o Meta, sus directivos supieron ver que lo importante era la empresa, no ellos. Que toda compañía con una tradición y una cultura sólidas es un ente con identidad propia que va más allá de las personas que lo componen y que lo dirigen.

Si deseas que tu empresa trascienda, tienes que huir del cortoplacismo y tomar decisiones con perspectiva. Y, sobre todo, aceptar que la empresa no está a tu servicio, sino que tú estás al servicio de la empresa.

Hosoku nagaku

La vocación de trascendencia es la base de la primera de las decisiones estratégicas explicadas en el capítulo «Empresas centenarias». Ahora te la presento también como última regla de oro, pues lo más importante para la pervivencia de una empresa, superando cualquier crisis, es considerar que el proyecto está por encima de los individuos que la forman en los diferentes momentos de su historia.

Como ya apuntamos, existe una expresión japonesa para referirse a esta filosofía, *hosoku nagaku*, que literalmente significa «delgado y fino» y que suele utilizarse también para hablar de empresas que se centran en perdurar y no se obcecan con conseguir resultados inmediatos a cualquier precio. *Hosoku nagaku* es justo lo contrario del cortoplacismo. Es tener siempre un ojo puesto en el mañana, aunque eso pueda suponer en algún momento pasar dificultades hoy. O sea, «pan para mañana, pese al hambre de hoy», en lugar del consabido «pan para hoy y hambre para mañana».

El cumplimiento de esta regla de oro depende sobre todo de los líderes de cada organización, que deben ponerse al servicio de esta. Si en lugar de pensar en el beneficio de la empresa piensan en el suyo propio, ponen en riesgo el futuro de la compañía. Es lo que se conoce como el «síndrome de la arrogancia», una expresión utilizada por el neurólogo David Owen y el profesor de psiquiatría Jonathan Davidson para referirse a la búsqueda de un éxito individual abrumador y a corto plazo.[66] Las personas víctimas de este síndrome se ven a sí mismas por encima de los demás y utilizan el poder para sus propios propósitos de glorificación. Actúan con poca preocupación por las consecuencias que sus acciones pueden provocar o por cómo pueden afectar a las personas de su alrededor. En el entorno empresarial, esto conduce a un liderazgo con cualidades perjudiciales que tarde o temprano afecta de forma negativa a la organización y que incluso puede poner en riesgo su pervivencia.

Una muestra de esta forma de actuar es la evolución de Carlos Ghosn, brillante hombre de negocios que logró grandes éxitos con la fusión de tres importantes marcas: Renault, Nissan y Mitsubishi. No obstante, en un determinado momento empezó a centrarse en su propio beneficio, lo que le acarreó graves consecuencias a él y a otras personas relacionadas con la industria automovilística.

En 2018 se hizo desgraciadamente famoso cuando las autoridades lo atraparon en un aeropuerto tratando de escapar de Grecia después de ser acusado por los tribunales franceses y japoneses de malversación de fondos, corrupción y blanqueo de dinero a través de cargos indebidos.

Los líderes de una compañía se deben a la respuesta que ofrecen al mercado, no a sus propios intereses. Entender que la idea original de la compañía y el pacto empresa-cliente deben ir más allá de su existencia o su función es un cambio necesario en la mentalidad del *management* actual.

Actuar con visión cortoplacista suele conducir al fracaso. Un estudio publicado en *Harvard Business Review* muestra claramente la relación inversa entre las decisiones cortoplacistas y la capacidad de una compañía para asegurar ventajas competitivas a largo plazo.[67] El estudio revela que es posible identificar un umbral a partir del cual la concentración en los resultados a corto plazo lleva a la empresa a iniciar un «camino hacia el fracaso».

La historia de la compañía de cupones de descuento Groupon es un ejemplo de la política del «todo vale» actual. La compañía basaba su negocio en las comisiones infladas, el abuso de posición predominante y la especulación. Cuando el sector se llenó de competencia agresiva y voraz, decidió seguir creciendo a toda costa y tomó algunas decisiones temerarias y cuestionables desde un punto de vista ético, como no certificar sus controles internos antes de la salida a bolsa. Aunque en aquel momento no hacerlo les debió parecer un problema menor, rápidamente se volvió en su contra. Tras un fuerte comienzo, los inversores comenzaron a perder la confianza en la transparencia de la empresa. Esto, unido a las irregularidades contables, dio lugar a grandes pérdidas. Aunque es imposible decir con precisión qué habría pasado si Groupon hubiera tomado otras decisiones, está claro que su falta de preparación y la ansiedad por crecer de forma exponencial fueron factores relevantes en el desastre. Un cuento con moraleja que refleja lo que puede ocurrir cuando una empresa actúa persiguiendo solo la recompensa a corto plazo.

Otras empresas sí saben entender las ventajas de proteger la trascendencia y pensar a largo plazo. Es el caso de una conocida casa de subastas. Samuel Baker, empresario, editor ocasional y reputado librero, era un apasionado del conocimiento y de los libros. Cuando en 1744 se enteró de que, tras la muerte del noble londinense Sir John Stanley, iba a desaparecer su biblioteca, compuesta por «varios cientos de valiosos y raros libros», celebró una subasta. Obtuvo un total de 826 libras esterlinas. Aquello fue el embrión de Sotheby's, la casa de subastas más grande y antigua del mundo, que hoy en día factura siete mil millones de dólares al año. Una marca que apostó siempre por el valor de la trascendencia histórica y por la que han pasado desde los libros que Napoleón se llevó al exilio en la isla de Santa Elena hasta la obra autodestructiva de Banksy. Cerca de tres siglos creyendo en que existe futuro en nuestro presente y siendo garantes y protectores de la trascendencia de nuestras posesiones.

También el hotel Houshi Ryokan, mencionado con anterioridad y considerado el segundo hotel más antiguo del mundo, es un negocio familiar japonés que ha perdurado desde el año 718 hasta la actualidad. Más de trece siglos cuidando de sus huéspedes, que se dice pronto. Esta tradición de atención y excelencia se ha transmitido en la familia Houshi a través de cuarenta y seis generaciones, y el compromiso de mantenerla es lo que ha hecho que el Ryokan siga prosperando. Las decisiones de la familia propietaria siempre han priorizado la perdurabilidad del pacto empresa-cliente. Se consagran a ello. Sus colaboradores y líderes forjan acciones para que cuando ellos no estén, cualquier persona pueda seguir disfrutando de sus instalaciones.

Tal vez estés pensando: «Yo lo que quiero es ganar dinero ahora, no que lo ganen otros en el futuro». De acuerdo, tú decides, pero no te quejes si, debido al riesgo asumido, con la primera crisis que vivas se te va el negocio al traste y te quedas con unas deudas que no podrán pagar ni tus hijos. Si no eliges la templanza en tu crecimiento trascendente, solo te falta elegir tu próxima aventura: ignorancia, avaricia o estupidez.*

Ikigai

Sin duda en los últimos tiempos habrás oído esta expresión japonesa tan de moda, *ikigai*, que se puede traducir como «razón para vivir», o habrás leído algo sobre ella. La psicóloga japonesa Mieko Kamiya es conocida por sus estudios sobre este tema. Su interés surgió a raíz de trabajar con enfermos de lepra en el hospital Nagashima Aiseien. Muchos de ellos estaban relativamente sanos, pero sufrían la sensación de que su vida no tenía sentido. Esto llevó a Kamiya a preguntarse qué era lo que hacía que la vida mereciera la pena para las personas, una pregunta que acabó convirtiéndose en el centro de su tesis doctoral y que dio lugar a la publicación, en 1966, de *Ikigai-ni-Tsuite*.[68]

La idea en torno al *ikigai* es que todo el mundo tiene un propósito único en la vida, y encontrarlo y perseguirlo puede conducir a una existencia más plena y satisfactoria. Es una premisa muy similar a la que estableció Victor Frankl en su libro *El hombre en busca de sentido*, publicado originalmente en 1946: las personas con un propósito encuentran sentido a su vida y a menudo son capaces de superar grandes dificultades.[69]

---

* Además, ¿no has visto la cantidad de empresas millonarias con esta filosofía que te he mostrado en el libro?

Las empresas que, además de perseguir un beneficio económico, poseen un propósito claramente definido también tienen mayor disposición para vencer la adversidad y perdurar. Pueden modificar su producto, su forma de relacionarse con el cliente, incluso su estética, pero rara vez se distancian de este propósito. Tienen un porqué basado en lo que el mundo necesita, no en lo que la gente comprará si se hace un buen marketing.

En el mencionado libro *Ikigai-ni-Tsuite*, la doctora Kamiya afirma que el *ikigai* debe responder a siete tipos de necesidades personales. Esto se puede aplicar igualmente a las organizaciones. A continuación expongo dichas necesidades adaptadas por mí al entorno empresarial:

- **Necesidad 1: satisfacción con la vida.** Tus productos o servicios deben satisfacer las demandas de tus clientes y tus colaboradores. Su satisfacción es la base de la tuya.

- **Necesidad 2: cambio y crecimiento.** Toda organización, igual que toda persona, precisa crecer y evolucionar. Para perdurar en el tiempo debe evolucionar a la par que lo hacen sus clientes y su comunidad.

- **Necesidad 3: un futuro brillante.** La tradición es importante, pero una compañía no puede vivir de los logros pasados. Tiene que trabajar en el presente con la mirada puesta en un futuro prometedor y lleno de éxitos.

- **Necesidad 4: resonancia.** Los logros de una empresa a lo largo de los años deben tener una resonancia en las personas con las que se relaciona. Es importante que la compañía deje una huella en los clientes o usuarios que han confiado en ella.

- **Necesidad 5: libertad.** Debes garantizar que todas las relaciones de la compañía, tanto con colaboradores como con clientes, se establezcan con libertad, ya que en ella radica la elección genuina.

- **Necesidad 6: autocrítica.** Es esencial en cualquier organización que las personas que la forman sean capaces de hacer una sincera autocrítica para corregir sus errores y aprender de ellos de cara al futuro. Los errores no atendidos se repiten.

- **Necesidad 7: significado y valor.** Los productos o servicios que ofrece una compañía deben llevar impresos un significado y un valor evidentes, a ser posible diferentes a los de otras empresas de su sector.

Podemos utilizar la filosofía *ikigai* para definir o esclarecer nuestro propósito empresarial y transmitírselo a todos los *stakeholders*, en especial a los colaboradores, y para contribuir, en definitiva, a hacer del mundo un lugar mejor. Tener claro ese propósito nos hará más capaces de superar obstáculos, situaciones difíciles, momentos de duda y cualquier otra barrera que la vida nos ponga en el camino. El objetivo final es que nuestro propósito trascienda por encima de todo.

Ejemplo de ello es la escuela de ceremonia del té Enshu Sado School. Fundada en 1602 por Kobori Enshu, tiene hoy treinta mil practicantes, cincuenta y tres capítulos locales por todo Japón y capítulos internacionales en Holanda, Singapur y Corea. Todas las mañanas, Sojitsu Kobori, el actual director, presenta sus respetos a sus antepasados y realiza un rito en honor al propósito que ellos le han transmitido y que a través de la ceremonia del té persigue en el mundo: hacer la vida cotidiana más agradable, vivir en armonía con los cambios de las estaciones, transformarse en una persona de gusto refinado, llegar a ser una persona honesta y sin miedo, establecer relaciones humanas más satisfactorias y tener buenos modales.

La corona pertenece al reino

Cuando quien dirige una empresa entiende que su paso por la compañía es un parpadeo en la historia, que la «corona» no le pertenece, sino que pertenece al reino, se aplica con entrega al trabajo para que, el día en que le toque dejar la organización, su sucesor o sucesora la encuentre en el mejor estado posible. Así es como han conseguido resistir a lo largo del tiempo negocios como la productora de papel ceremonial Genda Shigyo (desde el año 771), el pub irlandés Sean's (desde el año 900) y la fábrica italiana de campanas Marinelli (desde 1040 hasta hoy, a pesar de que ya casi no se construyen iglesias).

Cuando la voluntad de trascendencia y de dejar un legado es lo que prima en las personas que están al frente de una empresa resulta un poco más fácil tomar decisiones con la conciencia tranquila. Incluso decisiones a contracorriente, como en el caso del mencionado Houshi Ryokan. Como tal vez sepas, en Japón es práctica habitual que los negocios sean dirigidos solo por hombres, algo que en Occidente y en nuestros días puede parecer anacrónico. En las empresas familiares, cuando no hay un heredero varón, se recurre a una práctica llamada *mukoyōshi*, que han seguido empresas como Suzuki, Toyota, Canon o Kikkoman, que consiste en adoptar (de manera oficial) y formar a un hombre de negocios para que sea el sucesor de la compañía. Conociendo esto, podrás valorar la decisión que tomó hace unos años Zengoro Houshi, el último hombre al frente del hotel Houshi Ryokan, cuando anunció: «Con el fin de que Houshi Ryokan siga adelante, mi hija menor es la persona más adecuada para tomar las riendas del negocio. La estamos esperando». Con ello sentó un precedente y transmitió un mensaje de trascendencia: el proyecto está por encima de todo y de todos, por encima del género e incluso de las tradiciones seculares japonesas.

El proyecto debe ser más importante que los individuos. Te he hablado ya de algunos deportistas olímpicos a lo largo del libro, pero la historia olímpica que más me emociona y más admiración me produce es la de Shun Fujimoto. En los juegos de Montreal de 1976 participó en las pruebas de gimnasia masculina por equipos, en las que Japón luchaba con la Unión Soviética por llevarse el oro. Los dos equipos contaban en sus filas con verdaderas leyendas de la gimnasia: Nikolái Andriánov entre los eslavos y el increíble Sawao Kato (ganador de doce medallas olímpicas a lo largo de su carrera, ¡ocho de ellas de oro!) entre los asiáticos.

Durante este duelo, los japoneses sufrieron un gran golpe: en el ejercicio de suelo, uno de sus atletas más jóvenes, Shun Fujimoto, calculó mal un salto y se fisuró la rótula de la rodilla derecha. Lo normal habría sido que se retirara de la competición, pues no había solución posible. Ni siquiera se le podía inyectar un analgésico, ya que eso iba contra las normas y lo habrían descalificado por dopaje, lo cual habría sido una deshonra para él, su equipo y su país. Ahora bien, la retirada habría supuesto para el equipo nipón claudicar ante los rusos, porque en el cómputo global se contabilizan todos los puntos de todos los competidores. No es como en el fútbol, que si se lesiona un jugador sale otro. En esa prueba por equipos ningún gimnasta puede ser reemplazado. Por tanto, la retirada le habría restado al equipo unos puntos esenciales para alzarse con la medalla de oro.

Fujimotosan tomó una decisión trascendental. A pesar del intenso dolor en la rodilla derecha y del riesgo de quedarse cojo para siempre, decidió disimular su lesión y participar en la última prueba. Era un ejercicio de anillas, en el cual, después de hacer las piruetas correspondientes usando sobre todo la fuerza del tronco superior, el gimnasta debe impulsarse en el aire hasta una altura de unos tres metros y caer con todo su peso sobre ambos pies. Para que se considere un buen ejercicio, el atleta tiene que finalizar firme, quedar erguido y sonreír.

Imagino su miedo antes de la prueba, al pensar en el momento de caer sobre el tatami y sentir el impacto en las rodillas. Sin embargo, Fujimotosan no dudó: sabía que su equipo necesitaba sus puntos. Realizó un gran ejercicio y al tomar tierra se sostuvo como pudo, soportando un dolor que le debió recorrer todo el cuerpo con brutalidad. Al final, Japón ganó la medalla de oro por solo 0,4 puntos de diferencia con los rusos.

Casi medio siglo después de aquello, Shun Fujimoto, que no volvió a competir en unos Juegos Olímpicos, sigue siendo una leyenda para los gimnastas japoneses, que antes de participar en cualquier nueva prueba lo recuerdan y le rinden un sentido homenaje.

De generación en generación

Otro ejemplo de trascendencia y voluntad explícita de legado es el de la empresa suiza de relojes de lujo Patek Philippe.

Fundada en 1839 por los relojeros Antoni Patek y Adrien Philippe, esta compañía ha ido pasando por diferentes manos a lo largo de su historia hasta llegar a sus actuales propietarios, la familia Stern, con Thierry Stern a la cabeza, que sucedió a Philippe Stern, y este, a su vez, a Henri Stern. Uno de los hitos de Patek Philippe es la creación, en 1868, del primer reloj de pulsera suizo, en concreto una pieza para la condesa húngara Koscowicz.

Como otras históricas compañías suizas de fabricación de relojes manuales, Patek Philippe fue capaz de sobreponerse a la gran revolución que supuso la digitalización de los relojes, la llamada «crisis del cuarzo», que revolucionó el sector relojero en los setenta y principios de los ochenta. La mayor parte de la producción mundial de relojes se trasladó a empresas asiáticas, como las japonesas Seiko, Citizen y Casio, que adoptaron la nueva tecnología electrónica.

¿Cómo sobrevivieron Patek Philippe, Breguet, Audemars Piguet y otras históricas manufacturas suizas? Pues poniendo en valor su tradición y la grandeza única de sus relojes manuales, que aúnan técnica y arte con un resultado que no tiene nada que ver con los relojes digitales. Y no lo digo yo: los entendidos con posibles pagan grandes cantidades de dinero por los relojes de estas empresas, incluso los han convertido en vehículo de inversión. De hecho, el reloj que mayor precio ha adquirido en una subasta es un Patek Philippe: un comprador anónimo pagó por él veinticuatro millones de dólares en un acto organizado por Sotheby's.

En 1996, Patek Philippe lanzó una campaña publicitaria que sintetiza a la perfección tanto su filosofía empresarial como el sentido de esta octava regla de oro. Su eslogan, que la compañía ha seguido usando desde entonces en sus comunicaciones, lo dice todo: «Nunca un Patek Philippe es del todo suyo, suyo es el placer de custodiarlo hasta la siguiente generación». Esta frase, brillante, tiene al menos tres lecturas, complementarias entre sí. Por un lado, nos dice que sus relojes son tan fiables y sólidos que trascienden la vida humana, tan frágil en comparación. Por otro, nos remite a una aspiración humana universal: dejar un legado para la eternidad, es decir, perpetuarnos de alguna forma. Y, para finalizar, apela a la emotividad de las relaciones entre padres e hijos, pues esa perpetuidad se logra entregando el reloj Patek Philippe a la siguiente generación, como quien pasa un testigo en la inacabable carrera de la vida.

El lema fue creado por la agencia de publicidad londinense Leagas Delaney para una campaña llamada «Generaciones», que rompió los clichés tradicionales al poner el foco en el cliente más que en el producto. Lo que viene a decirnos es que un reloj Patek Philippe es una creación tan excepcional y duradera que la persona que lo posee no es tanto su dueño como su custodio, es decir, quien tiene el honor de usarlo hasta que lo cede a la siguiente generación.

Patek Philippe y sus relojes encarnan la importancia del legado cultural, artístico y científico. Exactamente lo mismo, por cierto, que Oxford University Press. En el entorno empresarial, el legado consiste en trasladar el conocimiento más profundo del negocio de una generación a la siguiente para perpetuarlo. Radica en huir de la avaricia de conocimientos y proporcionarle al equipo un procedimiento que pueda aprender, interiorizar y, llegado el momento, liderar.

En la mentalidad occidental moderna, la lucha de egos y de poder impide en la mayoría de los casos una transición de liderazgo en la que no exista pérdida de conocimiento. Los procesos de sucesión a menudo provocan desaceleración, cuando no la ruina del negocio. Por fortuna, esto no ha sido así en el caso de Oxford University Press, Houshi Ryokan, Sotheby's o Patek Philippe, cuatro ejemplos que demuestran que la empresa, el propósito, el producto o servicio y el binomio empresa-cliente deben estar por encima de cualquier personalismo.

Las crisis te acechan, pero cuando sabes el para qué de aquello que haces y te aferras a la trascendencia de tu marca, siempre puedes salvarte del naufragio.

TAKE-AWAYS
Persigue la trascendencia

* Toda empresa con una tradición y una cultura sólidas es un ente con identidad propia que trasciende a las personas que la componen y la dirigen.

* La filosofía *hosoku nagaku* consiste en centrarse en lo importante para la pervivencia de la empresa y no ceder a la tentación de buscar el éxito a corto plazo.

* El propósito o *ikigai* es importante tanto para las personas como para las empresas. Aquellas que, además de perseguir un beneficio económico, tienen un propósito claramente definido superan más fácilmente las dificultades y perduran.

* Cuando un líder entiende que la «corona» no le pertenece, sino que pertenece al reino, toma decisiones pensando a largo plazo y en los que vendrán después.

* Quien prepara su sucesión con orgullo y como un regalo nunca dañará la organización.

* La empresa, el propósito, el producto o servicio y el binomio empresa-cliente deben estar por encima de cualquier personalismo.

* Las crisis siempre suceden en el plano presente, mientras que la trascendencia se anticipa a soluciones futuras.

Una buena noticia para acabar

Tal vez hayas oído hablar del noble arte japonés del *kintsugi*, término que literalmente significa «carpintería de oro». Por si no lo conoces, te explicaré que consiste en reparar los objetos de cerámica rotos (platos, fuentes, vasos, vasijas, cuencos, etcétera) uniendo los pedazos con un barniz de resina mezclado con polvo de oro (a veces también de plata o platino). El resultado final es hipnótico y de una **belleza sublime**.

Es una práctica con mucha historia, como la mayoría de las empresas de las que te he hablado en estas páginas. A finales del siglo xv, el *shōgun* Ashikaga Yoshimasa, que era quien gobernaba Japón en aquella época, envió a China dos de sus tazas de té favoritas, que se habían roto, para que las repararan, pues les tenía mucho aprecio. Las tazas, según cuenta la leyenda, fueron recompuestas por los artesanos chinos con unas grapas de metal que a Yoshimasa, que tenía gustos refinados para la época, le parecieron poco elegantes. El *shōgun* mandó entonces buscar un artesano japonés que fuera capaz de repararlas de forma más delicada. Después de indagar mucho y hacer varias pruebas, sus ayudantes dieron al final con unos ceramistas que aplicaron una técnica original: unir los pedazos y cubrir las juntas con un barniz de resina mezclado con polvo de oro.

El resultado gustó tanto que la técnica se convirtió en habitual y ha perdurado hasta nuestros días. Y no solo eso: las piezas reparadas con ella son más apreciadas que las que no se han roto nunca, pues se considera que son únicas y tienen el valor de lo vivido. Los amantes del *kintsugi* consideran que las reparaciones cuentan de alguna forma la historia del objeto y que, al ser mostradas y realzadas en lugar de disimuladas, hacen de la pieza un verdadero tesoro.

El *kintsugi* se ha convertido así en una bella metáfora de una forma particular de ver la vida, una filosofía que valora más la durabilidad que el usar y tirar, la resiliencia más que la simple resistencia, la vida real más que los metaversos y la realidad virtual. Esta metáfora también es aplicable al mundo de los negocios y nos dice lo siguiente: todas las empresas van a «descascarillarse» o «romperse» debido a una crisis, pero pueden recomponer sus piezas y aprovechar lo sucedido para aumentar su fortaleza y su valor.

Esta es la filosofía que nos transmiten las empresas más longevas del mundo, como las de los Henokiens, las *shinise* y otras compañías centenarias, especialmente de Japón, el país con mayor concentración de ellas de todo el mundo. Estas compañías, igual que el Drácula de Bram Stoker, han logrado atravesar «océanos de tiempo» y han superado mil dificultades hasta llegar a nuestros días. Y siguen funcionando. Algunas se han roto en algún momento y han tenido que recomponerse, pero eso les da todavía más valor. No esconden sus cicatrices, sino que las visten de polvo dorado y las muestran con orgullo, pues son testimonio de su capacidad de resiliencia.

Empecé el libro explicándote que es inevitable que tu empresa o proyecto sufra diversas crisis a lo largo de su vida. Algunas serán debidas a la situación económica general, bien del país bien del mundo entero (a causa de la recesión, la inflación o la guerra, por ejemplo). Otras, a problemas de funcionamiento, errores en la producción o comportamientos poco éticos (o incluso ilegales) de algún miembro del equipo. Habrá crisis reputacionales, sanitarias, de producción, y otras provocadas por falta de financiación, de liquidez o de recursos en general. Sea cual sea su naturaleza, lo que está claro es que no te vas a librar de ellas, ya que el entorno actual no tiende a ser más estable que antes, sino todo lo contrario.

Ahora bien, esto no es una mala noticia ni una invitación al pesimismo. Es una simple constatación de la realidad con la que tenemos que lidiar y a la que no debemos dar la espalda. Como cuando le explicamos a un niño o una niña de doce que en la vida le van a pasar cosas que no le van a gustar, que le van a doler, que le van a producir tristeza, rabia, o miedo. No explicárselo sería esconderle una realidad inevitable y exponerlo a que afronte esos momentos, cuando lleguen, sin estar preparado. Lo correcto, «educativamente» hablando, sería contarle que tendrá que encarar las dificultades que surjan con los recursos que tenga a su alcance. Y animarlo a hacer tres cosas:

1. Hacer acopio de esos recursos, es decir, aprender sobre sus emociones, sobre las relaciones, sobre cómo llevar una «buena» vida, etcétera.
2. Gestionar cada situación concreta con apertura y ganas de continuar aprendiendo.
3. Sobreponerse, aplicar lo aprendido a sus decisiones futuras y seguir adelante.

Con las empresas sucede lo mismo. Ninguna puede evitar pasar por situaciones difíciles a lo largo de su existencia, pues estas son consustanciales a las oscilaciones del mercado y de la sociedad. Unas fluctuaciones que a veces son verdaderas tormentas en medio de la oscuridad y que nos obligan a permanecer en cubierta bien agarrados al timón.

Lo que sí pueden hacer, y lo que sí puedes hacer tú si estás en un puesto de responsabilidad, es prepararse y prepararte del mejor modo posible para cuando lleguen. Por ejemplo, desarrollando planes de contingencia o de crisis, que por supuesto son útiles. O creando sistemas de control y aprendizaje continuo para minimizar los posibles errores. Pero, sobre todo, siguiendo las enseñanzas de las empresas que ya han pasado apuros en varias ocasiones y han logrado salir adelante.

A pesar de que, como también te explicaba en los primeros capítulos, vivimos en un entorno ACID (agotado, controlador, impaciente y dividido), tengo una buena noticia para ti: hay miles de empresas que han sobrevivido a guerras, grandes depresiones mundiales, traiciones de altos directivos, errores mortales o productos obsoletos. A lo largo del libro te he ido presentando a algunas, pero hay muchas más. Te animo a que las busques e investigues su historia, pues puedes aprender mucho de ellas. Son empresas que, cada una a su modo, han sabido gestionar bien todas esas crisis.

Yo, en mi afán por ayudarte, he estudiado más de quinientas de diferentes países, sectores y culturas, y he resumido aquí sus decisiones estratégicas y sus reglas de oro. Estas cuatro decisiones y ocho reglas no son simples consejos que podamos o no seguir, sino pautas de gestión empresarial imprescindibles que, juntas, levantan una fortaleza frente a las adversidades y te hacen más resistente a los golpes.

Para que refresques la memoria, escribo de nuevo las cuatro decisiones estratégicas:

1. Priorizar la trascendencia a la inmediatez.
2. Ser fiel a tu propia tradición.
3. Usar de manera inteligente la tecnología.
4. Aceptar el cambio y transformarse con él.

Y estas son las ocho reglas de oro:

1. Abraza la templanza.
2. Sé previsible.
3. Compite contigo mismo.
4. Ten ojos de aprendiz y manos de sabio.
5. Haz que gane tu entorno.
6. Sé equipocentrista.
7. Hazlo sencillo.
8. Persigue la trascendencia.

De hecho, la enseñanza esencial que nos transmiten las decisiones estratégicas y las reglas de oro de las empresas centenarias se puede resumir en una frase: las crisis no se pueden evitar, pero podemos prepararnos para ser fuertes y resistir su embestida. Esta es nuestra responsabilidad: estar preparados para que las futuras complicaciones nos pillen con la armadura samurái reluciente y la *katana* bien afilada.

Debemos, por ejemplo, actuar con **templanza**, endeudarnos lo menos posible y mantener la calma cuando pasemos un momento complicado; ver la situación con perspectiva y no tomar decisiones precipitadas.

Debemos dotar de una esencia y **previsibilidad** inconfundible a nuestros productos, servicios y marcas, y ser fieles a ellos para que todo el mundo sepa qué puede esperar de nosotros.

Debemos **competir contra nuestro yo del pasado**, no contra el «ellos» del presente. Esto no quiere decir que ignoremos lo que hace la competencia, por supuesto, sino que conviene evitar obsesionarse con ella o realizar cambios que vayan contra nuestro propósito o nuestros valores pretendiendo ser más competitivos.

Debemos mantener siempre los ojos abiertos a lo que sucede a nuestro alrededor y plantearnos innovaciones como si fuéramos **eternos aprendices**, pero sin volvernos locos ni modificar lo que funciona. Y, cuando introduzcamos esas innovaciones, debemos hacerlo con **manos sabias**, tomando solo aquellas cuya eficacia ha sido contrastada.

Debemos actuar en todo momento sin perjudicar a las personas y al planeta, y además debemos procurar **que nuestra actividad beneficie a la sociedad y al medio ambiente.** Poner el beneficio por delante de las personas y el planeta es algo que ya no podemos tolerar, ni como empresarios ni como seres humanos. Va en contra de nosotros mismos y del futuro, en especial de aquellos que vendrán después de nosotros.

Debemos tener presente en todo momento que las empresas y los productos o servicios nunca existirían sin líderes comprometidos, colaboradores motivados y comunidades satisfechas. Por tanto, el **equipocentrismo** debe estar en el principio y en el fin de todas nuestras decisiones. Una compañía tiene que generar bienestar e incluso felicidad a todos aquellos que trabajan en ella o forman parte de su ecosistema. Solo de esta forma se comprometerán y arrimarán el hombro cuando surjan dificultades.

Debemos evitar complicarnos en exceso, o sea, **tender a la sencillez.** El diccionario lo deja claro: sencillo es aquello «que no ofrece dificultad». Aunque tampoco hay que pecar de simples. Como reza una conocida frase de Albert Einstein, todo debe simplificarse lo máximo posible, pero no más.

Y, por último, debemos tomar decisiones en las que prime el

largoplacismo, o sea, el beneficio de la empresa a largo plazo. **Lo importante es el proyecto y su propósito**, no el ego de los individuos que lo dirigen o participan en él. Como en una carrera de relevos, nuestra misión es esforzarnos al máximo para que cuando entreguemos el testigo estemos en la mejor posición posible y el equipo gane la medalla.

Estas reglas de oro son las que explican que muchas empresas con uno o más siglos de historia sigan funcionando hoy en día, algunas incluso liderando su sector, aunque esto no es casi nunca su objetivo principal. De hecho, estas empresas no suelen preocuparse demasiado de los rankings. Al fin y al cabo, la posición en una lista no nos dice si una empresa está aportando un beneficio a la sociedad o al planeta, ni tampoco si sus líderes y colaboradores son felices haciendo lo que hacen. Es cierto que los datos son cada vez más importantes en nuestra sociedad digitalizada, pero deben estar al servicio de las personas y de las empresas, no obligarlas a actuar contra sus principios.

En última instancia, una empresa debe centrarse en la mejora continua y la aplicación de estas reglas en las cinco P esenciales: producto, procesos, personas, planificación y posicionamiento.

Recuerda a Kunio Kobayashi, el maestro del bonsái, y sus palabras: «Un bonsái necesita todo lo que necesita, y nada más». Al igual que una compañía, si le suministras demasiada agua, el árbol morirá. Si lo colocas en un sitio inadecuado, sufrirá innecesariamente. Si no le prestas la atención necesaria, aparecerán plagas o carencias fatales. No hagas de tu árbol un bonsái, haz de tu bonsái un árbol. Cariño, esfuerzo, pasión… y las técnicas adecuadas. Nada más. Solo de esta forma la empresa será resiliente ante las crisis inevitables y podrá prevenir las evitables.

Solo de esta forma, si se rompe, podrá volver a unir sus pedazos, seguir adelante e incluso aumentar su valor.

Solo de esta forma florecerá constantemente y vivirá durante siglos como símbolo de fortaleza, belleza, longevidad y abundancia.

Solo de esta forma será una auténtica organización con mentalidad *henokien*.

Epílogo
La mirada centenaria

Hay días especiales, y hoy es uno de ellos. Despierto con una sonrisa en la cara al recordar la gran cita que llevo meses esperando. Tras un largo tiempo recorriendo el mundo y sus empresas centenarias para poder ofrecerte todo su conocimiento, Madrid me aguarda con los brazos abiertos y tengo muchas ganas de recorrerla.

Al salir de casa veo que en el edificio hay una fecha inscrita que lo data en 1851. Ninguna de estas odas a la longevidad me resulta ya indiferente. Reflexiono sobre la fiabilidad de unos cimientos sólidos, que incluso hechos con materiales menos sofisticados y modernos han conseguido que todo el barrio siga en pie. Eso sí, el edificio es apenas un adolescente si lo comparamos con la casa de los Lujanes, en pleno centro de la ciudad, que se construyó en 1471, o por supuesto, con el templo de Debod, del año 200 a. C.

Mientras camino hacia mi cita echo un vistazo a las obras que exponen Laura y Javier Sanz en la librería San Ginés. Un espacio único que lleva protegiendo los libros desde 1650. «Muchos madrileños pasan por aquí con frecuencia y nunca se han fijado en esta librería», dice ella con cierto pesar. La dureza del clima, la madera combada y las regulaciones urbanísticas no tienen la lírica que brota de los libros antiguos. Adquiero *Arsenio Lupin, caballero ladrón*, escrito en 1907 por Maurice Leblanc. Les deseo suerte y ellos me invitan a la próxima tertulia que organizan.

Con mi libro bajo el brazo paso por delante de la Posada del Peine, el hotel más antiguo de España, y me vienen a la memoria las palabras de su director, Iñaki Galve acerca de dónde reside su espíritu de longevidad: «Paciencia, constancia y pasión por lo que hacemos. Si te gusta lo que haces, el proyecto no tiene fecha de caducidad. Sobre todo cuando cuidas y valoras a los equipos. Un equipo feliz e involucrado hará felices a los clientes y velará por el bienestar de la empresa». Puro conocimiento *shinise*. Este establecimiento, abierto en 1610, se creó para dar posada a forasteros y huéspedes que viajaban en diligencia a la Corte y hoy puede hacerte vivir una experiencia única al lado de la Plaza Mayor.

Entro en la farmacia de la Reina Madre, abierta en 1578, y me quedo boquiabierto con su preciosa colección de frascos que guardan centenarias y curiosas fórmulas, como la de trocitos de momia para la tuberculosis o la pomada encarnada contra la caída del cabello. Reconozco que la receta para Miguel de Cervantes y el pasillo secreto que unía la botica con el Palacio Real me fascinan. Compro unas pastillas para la garganta mientras José Daniel Jiménez, su actual titular, me confiesa que «Aún se puede hacer mucho por dotar de vida este negocio, lo más importante es devolver el disfrute de estas reliquias a la ciudadanía». *Learnability* y comunidad en una sola frase.

Camino calle abajo admirando cada uno de los edificios y rincones históricos y tomo conciencia de la poca atención que les había prestado en mi día a día. Me parece inconcebible que haya pasado por alto tantos miles de aprendizajes probados y resolutivos, útiles para mi profesión, debido al ruido y las promesas de la teoría innovadora y *techie*. «En el equilibrio está la virtud»,

EPÍLOGO: LA MIRADA CENTENARIA | 237

me digo mientras encaro la calle Cuchilleros y veo el lugar de mi cita.

Sobrino de Botín es un restaurante abierto desde 1725 y custodio de un récord Guinness como el más antiguo del mundo sin cambiar de ubicación ni cerrar un solo día. Por su local han pasado reyes, políticos, personas famosas y hoy la clienta quizá más importante. El olor del horno me hace salivar. Antonio González, el gerente, me sonríe y dice: «Ha llegado». Allí, en una mesa en el centro de la sala, me espera Maria Branyas, la persona viva más longeva del mundo.

Maria comenta que ella «no es autoridad» para dar consejos sobre cómo vivir más de cien años, pero que anima a todo el mundo a que «cuide de su vida y produzca el mayor bien posible». Venció la enfermedad cuando se contagió de COVID-19, algo que puede parecer grave, pero es que Maria ha superado guerras, pandemias, crisis económicas… Y ahí está, observándonos con su mirada centenaria.

Escucharla es maravilloso. Habla de política y afirma: «No encuentro político con talento. Veo que tienen que cambiar, ha de salir una persona que sepa cómo va el mundo y que tenga talento, que de momento no se ha presentado». Habla de la vida y de las relaciones, y entonces apostilla: «Cuando era joven admiraba a la gente inteligente. Ahora que soy vieja admiro a la gente amable, sincera, que te hace sacar una sonrisa. Personas cuya sola presencia emociona, que no juzgan, que respetan y siempre dan la cara». Comenta los cambios producidos en este siglo y por supuesto se aventura a darme un consejo: «Jamás te dejes llevar por sentimientos pesimistas y busca siempre una mirada positiva y esperanzada respecto al futuro», dice llena de vitalidad.

Al final de un encuentro que desearía que no acabase nunca le entrego el libro comprado por el camino, escrito por Leblanc y publicado el mismo año en que ella nació. Amor absoluto por su generosidad y un sincero homenaje a todas las personas a las que consideramos mayores por los años cumplidos y a las que deberíamos cuidar y proteger como fuente de sabiduría, experiencia y capacidad.

Mientras regreso a casa, el espíritu peripatético se apodera de mí y durante la caminata me asaltan ideas, reflexiones, preguntas... Recuerdo lo que Marcos, el director de Capas Seseña, una fabulosa tienda de moda abierta en 1901, me dijo sobre la importancia de la responsabilidad, el amor al detalle y el respeto por la tradición: «Cuando cuidas lo esencial, el tiempo, el trabajo y el esfuerzo hacen el resto». Sus palabras cobran un sentido más transversal tras la conversación con mi longeva amiga. ¿No son estas enseñanzas compatibles con nuestra vida personal? De igual modo, ¿no podríamos implementar las ocho reglas de oro también en nuestra vida para poder resistir con más fuerza las crisis?

Parece obvio pensar que una actitud sin excesos, fundamentada en la templanza, nos hará calibrar y gestionar con más eficacia nuestras emociones y decisiones. Ser previsibles podría traducirse en ser coherentes, transparentes y cumplidores, con lo que potenciaríamos nuestras relaciones personales y profesionales. Competir contra nosotros mismos nos lleva al crecimiento intrínseco y continuado, y evita los episodios de comparación social, motivo de tantos sufrimientos. Aprender de manera constante rejuvenece y nos protege ante la adversidad. Hacer que gane el entorno genera oxitocina o serotonina, y ser equipocentrista crea una red de seguridad social y fomenta las habilidades necesarias para defendernos de la soledad. Por último, evitar las complicaciones y hacer nuestra vida sencilla nos ayuda a tener paz interior y a involucrarnos en un menor número de conflictos, y pensar en la trascendencia fortalece nuestro autoconcepto y la constatación de nuestro propósito y legado.

Sí, tú también puedes llevar una vida *henokien*. Gracias, Maria, por contribuir a que este aprendizaje fluya también en mí.

Nuestra vida está diseñada para adoptar la gerontofobia como norma y despreciar aquello que es antiguo por el simple hecho de serlo. En una sociedad «antiedad» deberías reflexionar sobre todo aquello que te estás perdiendo en tu familia, tus contactos o tu ciudad. Empresas que han sufrido las crisis que tú vivirás y pueden ayudarte a encontrar soluciones que hoy por hoy ni siquiera sospechas que existen. Personas que con su experiencia pueden ser catalizadoras de reflexiones y descubrimientos maravillosos.

Vives rodeado de una inmensa biblioteca de experiencias y conocimientos útiles para afrontar tus futuras crisis. Vives con un universo inimaginable de recursos procedentes de quienes lo han vivido todo previamente.

Es hora de que levantes la cabeza del móvil y dejes de interesarte por lo que el último magnate tecnológico hace con su vida. Es tiempo de que pongas los ojos en esa ciudad increíble que te rodea y que tras siglos de prosperidad puede servirte de guía también a ti para transformarte en una persona anticrisis.

Tu futuro será mejor gracias a su pasado.

Agradecimientos

Un libro no es nunca solo un libro, sino un reflejo de quiénes somos y en quiénes nos hemos convertido. Toda obra publicada atraviesa a su autor y en el proceso lo transforma en alguien distinto. La investigación, el tiempo, los aprendizajes, las revisiones, las conversaciones y las dudas generan unas conclusiones finales que ahora tú puedes disfrutar, pero que han provocado noches de ebullición e innumerables cambios en el manuscrito y en la persona que lo firma.

En el proceso de escribir un libro de estas características colaboran muchas personas, y es injusto acaparar todo el reconocimiento sin agradecer de forma sincera y honesta a quienes han participado en dicho proceso y me han nutrido a lo largo de estos meses. Por eso, quiero agradecer…

… la **templanza** de mi otra mitad, Mónica Galán, por ser apoyo sin fanatismo, mesura en sus acertadas opiniones y generadora de reflexiones repletas de sensatez. Sus conversaciones poderosas siempre tienen la capacidad de serenarme. Su capacidad de resolver momentos de conflicto proyecta que un mundo mejor es posible. Sin ella esto no se lograría.

… la **previsibilidad** de mi familia, que de manera permanente es refugio, equilibrio y creatividad. Ellos me enseñaron, desde bien pequeño, cómo superar crisis con determinación y sin drama. Son, sin ninguna duda, mi *top of heart*. Amor eterno.

También quiero dar las gracias a Noel Ruiz, Javier Díaz y Paula Coms, por acompañarme en la búsqueda del equilibrio en mi salud y permitirme **competir conmigo mismo**. Cada día más fuerte, más centrado, más dueño de mis resultados. Gracias por la motivación, la autoestima, la dosis extra de endorfinas y las «primeras veces». Gracias a vosotros apuesto por una versión mejorada, y saludable, de mí mismo.

A mi alumnado de PowerPlan y Anticrisis, porque apostando por mis formaciones y su futuro me han obligado a mirar el mundo de nuevo con **ojos de aprendiz**, a investigar, aprender y diseñar nuevas herramientas que aplicar con **manos de sabio**. Vuestra confianza me recuerda lo importante que es seguir aprendiendo cada día.

A los clientes empresariales con quienes trabajo, que me permiten generar acciones de *sanpo yoshi* creativas y sorprendentes. Sé que entenderéis que por respeto a vuestra integridad y a mi lema de que «ayuda publicitada no es solidaridad, sino marketing» omita vuestros nombres. A los primeros lectores, Juan Carlos Cubeiro, José Antonio Marina, Margarita Álvarez, Lola Sánchez, Charo Vargas, Marta Romo, Borja Muñoz y Stefano Scarpa. Vuestra generosidad es inmensa y vuestro *feedback* imprescindible para alcanzar este resultado.

A mi **equipo**, especialmente a Josep López. Su habilidad como guía es asombrosa, e intercambiar opiniones con él es una absoluta delicia. Gracias por ayudarme a depurar y seleccionar ideas y ejemplos. A Suni Bokobo y David Prieto. Sois personas multiplicadoras y es un honor recorrer el camino con vosotros.

A Pau Sala, Álex Cervantes, Alex Durán, Santiago Martínez, Laura Chica, Albert Martínez, Jesús Nieto, Noemí Vico, Pau Antó, Marcos Cartagena, Francisca Serrano, Sergio Di Nallo, Carlos Grande, Amaia Celorrio, Leire Urzaiz, Rubén Chacón, Nieves Bolós, Judit Catalá, Geni Ramos, Eva Galán, Jesús Honrubia, Nacho Muñoz, Marina «La Condesa», Sanuka, y tantos colegas y amigos que hicieron la vida **sencilla** mientras escribía esta obra. Nada reconforta más que una llamada de aliento, unos minutos compartidos y la certeza de que siempre hay alguien al otro lado.

A mis editores pasados Manuel Pimentel, Helena López-Casares y Roger Domingo, por permitirme **trascender** con mi conocimiento compartido. Y especialmente a Alba Adell, por el compromiso, entusiasmo y mimo con el que ha tratado esta obra desde que cayó en sus manos. Tu enfoque, ilusión y profesionalidad son un ejemplo para el mundo editorial. Extiendo el agradecimiento a Marga Fortuny, Maite Cañabate y Carme Nicolau por la corrección delicada e implacable del texto y a David Calvo por el diseño de la cubierta y de la maquetación. Extraordinario trabajo el del equipo de Conecta. ¡Sigamos creando!

Por último, a los Henokiens y sus equipos de prensa, por sus respuestas a mis preguntas incisivas y por ser un faro para miles de empresas y proyectos que buscan referencias con aprendizajes reales; a las empresas *shinise* con las que contacté, por explicarme con delicadeza lo que para ellos es normal y en mi cabeza no dejaba de parecer extraordinario; y al resto de las compañías centenarias que cada día muestran el mejor camino para hacer las cosas.

A ti, por estar al otro lado y hacer todo esto posible.

El regalo

Quienes me conocen saben que siempre me gusta ir un poco más allá. Por eso, para agradecerte que hayas llegado hasta aquí, quiero hacerte un regalo en forma de contenido extra, tal como te avancé al inicio de este camino que hemos recorrido juntos.

A lo largo del libro hemos visto los principios y valores que han permitido a las empresas centenarias resistir y mantenerse en pie, pero seguramente te gustará saber cómo aplicar estas enseñanzas a tu caso en particular. Por esta razón te ofrezco de forma gratuita (salvo gastos administrativos) el primer curso del itinerario Anticrisis. Un programa en el que encontrarás herramientas y aprenderás técnicas para interiorizar la mentalidad *henokien* y el pensamiento estratégico.

Para acceder a él tan solo debes entrar en la web <www.ruben turienzo.com/anticrisis> y adquirir el curso «Mentalidad y estrategia Anticrisis» introduciendo el código descuento: «quieromasanticrisis» en el carrito de la compra.

Gracias por llegar hasta aquí, por tu interés, por tu esfuerzo y por tu entusiasmo.

Otsukaresama!

@rubenturienzo

www.rubenturienzo.com

Empresas centenarias mencionadas en el libro

En el libro se mencionan otras compañías, desde Mercedes Benz hasta Lego, pasando por IKEA o Amazon, entre otras muchas, pero en la presente lista solo tienen el «honor» de figurar las 108 que cuentan con más de un siglo de historia.* Aparecen ordenadas de mayor a menor antigüedad.

Cuando la empresa opera en varios sectores, se menciona solo el más representativo.

Empresa	País de origen	Año de fundación	Sector
Kongō Gumi	Japón	578	Construcción
Nisiyama Onsen Keiunkan	Japón	705	Hostelería
Houshi	Japón	718	Hostelería
Genda Shigyo	Japón	771	Industria papelera
St. Peter Stiftskulinarium	Austria	803	Hostelería

* Sí quieres conocer más historias y aprendizajes de estas compañías, puedes encontrarlas en mi Instagram @rubenturienzo.

Empresa	País de origen	Año de fundación	Sector
Tanaka Iga	Japón	885	Artículos religiosos
The Royal Mint	Reino Unido	886	Moneda
Sean's	Irlanda	900	Hostelería
Ichimojiya Wasuke	Japón	1000	Alimentación
Ichiwa	Japón	1000	Alimentación
Marinelli	Italia	1040	Fundición
Sudo Honke	Japón	1141	Bebidas
Ito Ketto	Japón	1189	Metalurgia
Casa de Ganaderos	España	1218	Ganadería
Camuffo di Portogruaro	Italia	1438	Astilleros
Monte dei Paschi di Siena	Italia	1472	Banca
Oxford University Press	Reino Unido	1476	Editorial
Beretta	Italia	1526	Armas
Toraya	Japón	1526	Alimentación
Cambridge University Press	Reino Unido	1534	Editorial
Codorníu	España	1551	Bebidas
Thomson Snell & Passmore	Reino Unido	1570	Servicios legales
Farmacia de la Reina Madre	España	1578	Farmacia y parafarmacia
Berenberg Bank	Alemania	1590	Banca
Enshu Sado School	Japón	1602	Formación
Posada del Peine	España	1610	Hostelería
Mellerio dits Meller	Francia	1613	Joyería
Cartiera Mantovana	Italia	1615	Industria papelera
Augustea SpA	Italia	1629	Transporte
Kikkoman	Japón	1630	Alimentación
Gekkeikan	Japón	1637	Bebidas
Hugel & Fils	Francia	1639	Bebidas

Empresa	País de origen	Año de fundación	Sector
Librería San Ginés	España	1650	Librería
Van Eeghen Group	Países Bajos	1662	Alimentación
Banco de Suecia	Suecia	1668	Banca
Okaya & Co	Japón	1669	Metalurgia
Shogoin Yatsushashi	Japón	1689	Alimentación
Zaiso Lumber	Japón	1690	Materias primas
Yamamotoyama	Japón	1690	Bebidas
Twinings	Reino Unido	1706	Bebidas
Nakagawa Masashichi Shoten	Japón	1716	Artesanía
Sasaya Iori	Japón	1716	Alimentación
Casa Botín	España	1725	Hostelería
Alvear	España	1729	Bebidas
Amarelli	Italia	1731	Alimentación
Yanagihara	Japón	1740	Editorial
Sotheby's	Reino Unido	1744	Subastas
Monzino	Italia	1750	Instrumentos musicales
Nichols & Stone	Estados Unidos	1752	Muebles
Marie Brizard	Francia	1755	Bebidas
Aeon (antes Shinoharaya)	Japón	1758	Industria textil
Guinness	Irlanda	1759	Bebidas
Wedgwood	Reino Unido	1759	Vajillas
Breguet	Suiza	1775	Relojería
DuPont	Estados Unidos	1802	Industria química
Thiercelin	Francia	1809	Alimentación
Bolloré	Francia	1822	Medios de comunicación
Tiffany's	Estados Unidos	1837	Joyería
Patek Philippe	Suiza	1839	Relojería
Thomas Cook	Reino Unido	1845	Viajes

Empresa	País de origen	Año de fundación	Sector
American Express	Estados Unidos	1850	Banca
Western Union	Estados Unidos	1851	Banca
Levi Strauss	Estados Unidos	1853	Industria textil
Itochu	Japón	1858	Industria
Nestlé	Suiza	1866	Alimentación
Campbell's	Estados Unidos	1869	Alimentación
Mitsubishi	Japón	1870	Industria automovilística
Colgate-Palmolive	Estados Unidos	1873	Higiene personal
Audemars Piguet	Suiza	1875	Relojería
Kaikado	Japón	1875	Menaje
Wella	Estados Unidos	1880	Cosmética
Seiko	Japón	1881	Relojería
Koda	Japón	1882	Alimentación
Kubota Mirendo	Japón	1883	Menaje
Coca-Cola	Estados Unidos	1886	Bebidas
Avon (antes The California Perfume Company)	Estados Unidos	1886	Cosmética
Johnson & Johnson	Estados Unidos	1886	Farmacia y parafarmacia
De Beers	Luxemburgo	1888	Joyería
Nintendo	Japón	1889	Videojuegos
Michelin	Francia	1889	Industria automovilística
Japan Tobacco International	Japón	1898	Tabaco
Suntory	Japón	1899	Bebidas
Renault	Francia	1899	Industria automovilística
Capas Seseña	España	1901	Industria textil
Gillette (Procter & Gamble)	Estados Unidos	1901	Cuidado personal

Empresa	País de origen	Año de fundación	Sector
3M	Estados Unidos	1902	Industria y consumo
Harley Davidson	Estados Unidos	1903	Motocicletas
Olivetti	Italia	1908	Cajas registradoras
BP	Irán	1908	Energía
Converse	Estados Unidos	1908	Calzado
Suzuki	Japón	1909	Industria automovilística
Los Caserinos	España	1910	Alimentación
Samsonite	Estados Unidos	1910	Artículos de viaje
Black & Decker	Estados Unidos	1910	Maquinaria
Risonare Nasu	Japón	1914	Hostelería
Panasonic	Japón	1918	Electrónica
Citizen	Japón	1918	Relojería
Disney	Estados Unidos	1923	Entretenimiento

Glosario de palabras japonesas

Estos términos aparecen en el libro y los reúno aquí para facilitar su consulta.

Agatsu (吾勝): La victoria sobre uno mismo. Disciplina. Es un término que nace en el corazón del arte marcial japonés aikido. El gran maestro Ueshiba repetía a sus discípulos: «Masakatsu agatsu katsuyabi», que significa: «la verdadera victoria es la victoria sobre uno mismo, aquí y ahora».

Ganbaru (頑張る): Literalmente, significa mantenerse firme. Suele traducirse como «hacer el mejor trabajo posible», pero debido a que hace hincapié en la perseverancia, lo idóneo es «comprometerse plenamente con una tarea y llevarla a su fin».

Hanafuda (花札): Tipo de baraja de cartas tradicional japonesa. Como curiosidad, las cartas en el país nipón fueron introducidas en 1549 por el misionero Francisco Javier al llegar a Japón por primera vez. Fue a partir de la segunda mitad del siglo XIX cuando nació oficialmente este estilo de juego tras décadas de intentos y prohibiciones.

Hosoku nagaku (細く長く): Proverbio japonés que describe una vida sencilla y frugal. En el imaginario popular es una formulación para designar el destino esperanzador para las personas buenas.

Ikigai (生き甲斐): El término *ikigai* se compone de dos palabras japonesas: *iki* (生き), que se refiere a la vida, y *kai* (甲斐), que por *rendaku* da lugar a *gai* y podríamos decir que significa «la realización de lo que uno espera y desea». Traducido universalmente como «propósito de vida», hemos profundizado en este concepto al tratar la octava regla de oro.

Kaizen (改善): Aunque hemos hablado bastante de esta palabra en el apartado sobre la regla de oro «Compite contigo mismo», te recomiendo la mirada a este cambio a mejor de los autores japoneses Ishikawa y Maasaki.

Kanna nagashi (かんなながし): Sistema utilizado en la minería para extraer más material en menos tiempo. Es habitual que el abuso de este sistema provoque inundaciones y desprendimientos en las zonas montañosas japonesas.

Karoshi (過労死): Literalmente su traducción es exceso-trabajo-muerte. Es un término que se utiliza para describir las consecuencias en la salud por los abusos del trabajo (enfermedades y muerte). Cuando esta presión y estrés derivan en suicidio, se denomina *karojisatsu* (過労自殺). ¿No te parece increíble que estas situaciones estén tan normalizadas como para tener una palabra propia?

Katana (カタナ): Sable curvado de filo único y punta aguzada tradicionalmente utilizado por los samuráis. Su tamaño ronda el metro de longitud y pesa alrededor de un kilo. Este sable tiene referencias en la poesía, la cultura popular e incluso la filosofía. Recomiendo la lectura de *El libro de los cinco anillos*, de Miyamoto Musashi.

Kintsugi (金継ぎ): Técnica de reparación japonesa, también conocida como *kintsukuroi*. Su significado espiritual tiene en cuenta la perfección verdadera interior y exterior, y cómo esta surge de las heridas y las imperfecciones. También se considera el arte de la aceptación del daño: las heridas no se deben ocultar ni tampoco deben avergonzar, sino todo lo contrario, es decir, realzarlas ayuda a ser más fuerte.

Kimono (着物): Es el traje típico de Japón. Existen más de diez tipos diferentes de kimonos. No se debe confundir con el uniforme típico de las artes marciales, que se puede denominar *keikogi* o *dōgi*. Cada práctica tiene el suyo característico, y su nombre se construye uniendo la disciplina junto a la palabra «uniforme» (*gi* en japonés), por ejemplo, *judogi, karategi, aikidogi…*

Kosode (小袖): Es una pieza básica de la vestimenta. Aunque literalmente haga referencia a las mangas pequeñas, el *kosode* ha trascendido Japón y desde Occidente se percibe, junto al kimono, como la prenda más identificativa de su cultura. Para no confundir ambos, este tiene forma de T y diferentes largos, y no es tan ajustado.

Majime (真面目): Hace referencia a las personas fiables y responsables y que actúan sin dramatizar ni causar problemas. Esta palabra está muy vinculada a la honorabilidad y la honestidad.

Mochi (餅): Este postre tradicional es conocido como el «pastel de arroz», disfrutado por los lugareños en Japón durante siglos. Se prepara cociendo al vapor arroz glutinoso granular procesado. Las autoridades advierten que debido a su textura y viscosidad, puede producir asfixia, pero es absolutamente delicioso.

Mukoyōshi (婿養子): Práctica japonesa en la que un hombre adulto es adoptado por una familia en la que no existen descendientes varones con el fin de que lidere su empresa. Firmas como Nintendo, Suzuki o Toyota han utilizado esta práctica.

Otsukaresama (お疲れ様): Expresión que suele utilizarse como saludo. Pese a que esta palabra no tiene una traducción literal, lo más cercano podría ser: «Gracias por tu duro trabajo, seguramente debes estar cansado o cansada».

Rendaku (連濁): Fenómeno de la morfofonología japonesa que gobierna la sonoridad de la consonante inicial de la porción inicial de un compuesto. Es una figura compleja, ya que las excepciones no pueden recogerse en normas absolutas.

Sanpo yoshi (三方よし): Filosofía transaccional japonesa que profundiza en la virtud para las tres partes (vendedor, comprador y sociedad). Va más allá del occidental *win-win*, ya que toma la colectividad y el entorno como premisa esencial de la actividad comercial.

Samurái (侍): No faltan leyendas alrededor de esta palabra. Aunque no existe una certeza sobre su etimología, los historiadores concuerdan en que es una variación del verbo *saburau* («servir»), y su derivación *saburai* («aquellos que sirven»). Utilizada inicialmente para referirse al personal que cuidaba a los mayores, hoy en día se asocia a los guerreros honorables, fieros y letales. Saigō Takamori, el último samurái, murió en 1877.

Shibumi (渋み): Algo que no intenta ser lo que no es, que no intenta enmascarar su verdad, que no tiene artificio o elementos superfluos. Esta esencia de la elegancia de lo austero es fascinante y se podría considerar opuesta a la cultura *otaku*.

Shinise (老舗): Establecimientos japoneses que han cumplido un siglo desde su apertura. Tienden a fomentar la continuidad, la tradición, las relaciones comerciales de larga duración y el apego al negocio principal, a acumular reservas de efectivo y a evitar la deuda y otros riesgos.

Shōgun (将軍): Utilizado para referirse al general que comandaba el ejército enviado a combatir las tribus del norte de Japón. Después del siglo XII, el término se utilizó para designar al líder de los samuráis. La administración de un *shōgun* se llama *bakufu* o en español, «sogunato».

Shoshinsha (初心者): Palabra que simboliza la voluntad de mantenerse en constante aprendizaje. Esa visión oriental del tiempo y la longevidad ayuda a entender que el cambio es constante y que nunca se estará lo suficientemente preparado para ello.

Tatara (鑪): Horno tradicional japonés utilizado para fundir hierro y acero. Además de sus funciones arquitectónicas, en estos hornos se han forjado las *katanas* más famosas de la historia, como las de Muramasa y Masamune. Se cuenta que bastaba que el enemigo viera el emblema de Masamune en la hoja de una espada para que se rindiera. ¿Quién habló de logotipos poderosos y marca personal?

Tegewa (てげわ): Palabra en dialecto local de Ogimi, Okinawa. Esta llamada a la calma y al pensamiento sencillo es una absoluta delicia. Las cosas suelen ser bastante menos complicadas de lo que imaginamos en nuestra cabeza sobre ellas. Ya sabes lo que dicen: el problema no es el problema, sino cómo afrontas dicho problema.

Tembin fuigo (天秤鞴): Soplador de aire que sirve para aumentar la temperatura en los hornos. Este revolucionario invento supuso un aumento y de la capacidad de producción del acero y de su calidad.

Wa (和): Este concepto forma parte sustancial de la sociedad japonesa y generalmente se traduce como «armonía». Wa era el nombre antiguo por el que se conocía Japón.

Yuimaru (ゆいまる): Es un concepto de Okinawa que tiene sus raíces en las antiguas prácticas de trabajo compartido, en las que todos los aldeanos cooperaban para ayudarse mutuamente a plantar o cosechar cultivos. Sentimiento de fraternidad de la comunidad que se siente unida y apoyada.

Notas

1. Ann Enander, «Psychology of crisis and trauma», en Erik Stern, *et al.*, *Oxford Encyclopedia of Crisis Analysis Oxford*, Oxford, Oxford University Press, 2021, <https://oxfordre.com/politics/view/10.1093/acrefore/9780190228637.001.0001/acrefore-9780190228637-e-1642>.

2. Fuente: <https://www.economist.com/business/2015/11/28/the-rise-and-fall-of-the-unicorns>.

3. G. Teare, «Klarna's Fall From Grace Calls Into Question Unicorn Board Valuations» (20 de junio de 2022), <https://news.crunchbase.com/venture/unicorn-board-june-2022-klarna-stripe-instacart>.

4. Informe de Nikkei BP Consulting.

5. Fuente: <https://www.nationalgeographic.com.es/ciencia/mapa-volcanes-mas-activos-mundo_18158>.

6. G. Ratner, *The Rise and Fall… and Rise Again*, Chichester, Capstone, 2008.

7. Fuente: <https://www.theguardian.com/technology/2017/jun/21/uber-travis-kalanick-what-next-silicon-valley>.

8. Fuente: <https://abcnews.go.com/Business/Economy/story?-id=6192714&page=1>.

9. Fuente: <https://www.nytimes.com/2007/03/09/business/09insider.html>.

10. Hoy en día sigue sin conocerse el número real de muertes por esta pandemia en el mundo. Ver: <https://www.who.int/data/stories/the-true-death-toll-of-covid-19-estimating-global-excess-mortality>.

11. Judith Stiehm y Nicholas W. Townsend, «The U.S. Army War College: Military Education in a Democracy», Filadelfia, Temple University Press, 2008, p. 6.

12. Fuente: <https://medium.com/@cascio/facing-the-age-of-chaos-b00687b1f51d>.

13. Fuente: <https://www.ipsos.com/en-us/news-polls/global-advisor-2019-predictions>.

14. Fuente: <https://es.weforum.org/agenda/2022/02/informe-de-riesgos-globales-2022-lo-que-debes-saber/>.

15. S. Zuboff, «The Age of Surveillance Capitalism: The Fight for a Human Future at the New Frontier of Power», Londres, Profile Books, 2019.

16. Fuente: <https://www.pewresearch.org/ft_15-12-4-online-constantly/>.

17. Fuente: <https://www.porternovelli.com/findings/2021-porter-novelli-business-social-justice-study/>.

18. Fuente: <https://www.reasonwhy.es/actualidad/sociedad-y-consumo/la-era-de-la-inmediatez-2017-09-13>.

19. Fuente: <https://www.innosight.com/insight/creative-destruction/>.

20. Fuente: <https://www.innosight.com/insight/corporate-longevity-creative-destruction-is-accelerating/>.

21. Fuente: <https://www.bluezones.com/explorations/okinawa-japan/>.

22. Para saber más: <https://www.henokiens.com/>.

23. Fuente: <https://www.bloomberg.com/news/articles/2022-11-08/sbf-net-worth-is-eviscerated-in-days-with-binance-set-to-buy-ftx>.

24. Fuente: <https://innovationfootprints.com/wp-content/uploads/2015/07/startup-genome-report-extra-on-premature-scaling.pdf>.

25. Si te interesa el estudio forense de startups, consulta: <https://www.cbinsights.com/research/biggest-startup-failures/>.

26. Fuente: <https://www.bloomberg.com/news/features/2019-04-06/thaitheparos-sriraja-panich-sriracha-comes-to-the-u-s-market>.

27. J. Olan, «The End of a 1,400-Year-Old Business» (2007), <https://www.bloomberg.com/news/articles/2007-04-16/the-end-of-a-1-400-year-old-businessbusinessweek-business-news-stock-market-and-financial-advice?leadSource=uverify wall>.

28. D. Segal, «What Killed Thomas Cook, One of the Oldest Names in Travel», *The New York Times* (24 de septiembre de 2019), <https://www.nytimes.com/2019/09/24/business/thomas-cook-airlines-bankruptcy.html>.

29. D. Meadows, D. Meadows y J. Randers (1972), «Los límites del crecimiento», Fondo de Cultura Económica, México, 1972.

30. Fuente: <https://www.unccd.int/sites/default/files/2022-05/UNCCD_SDM_ES_Web.pdf>.

31. OMS/OIT (septiembre de 2021), <https://www.sciencedirect.com/science/article/pii/S0160412021002208>.

32. R. B. Zajonc, «Attitudinal effects of mere exposure», *Journal of Personality and Social Psychology*, 9, n.º 2, Pt.2 (1968), pp. 1-27, <https://doi.org/10.1037/h0025848>.

33. *2021 Brand Consistency Report*, Marq, <https://info.marq.com/resources/report/brand-consistency>.

34. *2022 Consumer Research Report - The value of building brand trust*, Salsify, <https://www.salsify.com/resources/report/content-2022-salsify-consumer-research-the-value-of-building-brand-trust>.

35. Fuente: <https://www.customerthermometer.com/consumers-connecting-with-companies/>..

36. Fuente: <https://www.aeon.info/en/ir/policy/>.

37. R. H. Coase, «Durability and Monopoly». *Journal of Law and Economics*, 15, n.º 1 (1972), pp. 143-149, <https://web.ntpu.edu.tw/~guan/courses/Coase72.pdf>.

38. J. G. Nicholls, «The competitive ethos and democratic education», Cambridge, Mass., Harvard University Press, 1989.

39. L. K. Harrison, *et al.*, «The effects of competition and competitiveness on cardiovascular activity», *Psychophysiology*, 38, n.° 4 (2001), pp. 601-606.

40. J. Bersin, «Heavy Learners. More Confident, Successful, and Happy at Work» (2018), <https://www.linkedin.com/pulse/want-happy-work-spend-time-learning-josh-bersin/>.

41. M. Úbeda García, «Training and business performance: the Spanish case», *The International Issue*, 9 (2005), pp. 1690-1710.

42. J. Bersin, «The Disruptive Nature of Digital Learning: Ten things we've learned» (29 de marzo de 2017), <https://www.slideshare.net/jbersin/the-disruptive-nature-of-digital-learning-ten-things-weve-learned/22-Source_Meet_the_Modern_Learner>.

43. M. Murphy, «If Your Employees Aren't Learning, You're Not Leading» (21 de enero de 2018), <https://www.forbes.com/sites/markmurphy/2018/01/21/if-your-employees-arent-learning-youre-not-leading/?sh=5897afe59478>.

44. *Edelman Trust Barometer 2020*, <https://www.edelman.com/sites/g/files/aatuss191/files/2020-01/2020%20Edelman%20Trust%20Barometer%20Global%20Report.pdf>.

45. S. Waddock, «From Individual to Institution: On Making the World Different», *Journal of Business Ethics,* 94 (2010), pp. 9-12.

46. M. Friedman, «The Social Responsibility of Business is to Increase its Profits», *The New York Times* (13 de septiembre de 1970).

47. T. Whelan y C. Fink, «The Comprehensive Business Case for Sustainability», *Harvard Business Review* (21 de octubre de 2016), <https://hbr.org/2016/10/the-comprehensive-business-case-for-sustainability>.

48. M. Reina y D. Reina, *Trust and Betrayal in the Workplace*: *Building Effective Relationships in Your Organization*, Berrett-Koehler Publishers, 2015.

49. T. Corbridge, «Manage Your Culture: Get Intentional About Employee Engagement», <https://www.partnersinleadership.com/long-form-content/>.

50. O. Loup, *et al.*, «Nontechnical skills in a technical world», *Int Anesthesiol Clin*, 57 (2019), pp. 81-94.

51. Fuente: <https://www.mckinsey.com/capabilities/people-and-organizational-performance/our-insights/the-great-attrition-is-making-hiring-harder-are-you-searching-the-right-talent-pools>.

52. E. A. Locke y G. P. Latham, «Goal setting: A motivational technique that works!», Englewood Cliffs, NJ, Prentice Hall, 1984.

53. I. Kalb, «3 Ways Micromanagers Can Destroy a Company», *Business Insider* (7 de julio de 2014), <https://www.businessinsider.com/how-micromanagers-destroy-your-business-2014-7>.

54. Jean McClure Mudge, ed., *Mr Emerson's Revolution,* Open Book Publishers, 2015, <https://www.openbookpublishers.com/htmlreader/978-1-78374-097-0/main.html>.

55. Fuente: <https://hbr.org/2009/07/leadership-in-a-permanent-crisis>.

56. Fuente: <https://www.forbes.com/2010/02/01/peter-cuneo-marvel-leadership-managing-turnaround.html?sh=521322ae6fa1>.

57. Fuente: <https://cobee.io/ebook/informe-salud-laboral-2022/>.

58. Matthew Wayne Seeger, Timothy Lester Sellnow y Robert R. Ulmer, *Communication and Organizational Crisis*, Westport, Greenwood Publishing Group, 2003.

59. Microsoft, «Three Hybrid Work Trends Reshaping the Economy» (2022), <https://www.microsoft.com/en-us/worklab/three-hybrid-work-trends-reshaping-the-economy>.

60. Randall E. Stross, *Steve Jobs & the NeXT Big Thing*, Nueva York, Atheneum Books for Young Readers, 1993.

61. R. Turienzo, *El pequeño libro de la motivación*, Barcelona, Alienta, 2016.

62. N. Hagura, P. Haggard y J. Diedrichsen, «Correction: Perceptual decisions are biased by the cost to act», *eLife*, 6 (2017).

63. Matthieu Ricard, *Memorias de un monje budista*, Barcelona, Arpa, 2022.

64. A. Siegel, «How Google Wins Over Users by Giving them Less» (20 de mayo de 2013), <https://www.fastcompany.com/1672594/how-google-wins-over-users-by-giving-them-less>.

65. W. E. Hick, «On the rate of gain of information», *Quarterly Journal of Experimental Psychology*, 4, n.º 1 (1952), pp. 11-26.

66. D. Owen y J. Davidson, «Hubris syndrome: An acquired personality disorder? A study of US Presidents and UK Prime Ministers over the last 100 years», *Brain*, 132, n.º 5 (2009), pp. 1396-1406.

67. Nelson P. Repenning y Rebecca M. Henderson, «Making the Numbers? Short Termism & the Puzzle of Only Occasional Disaster», *Harvard Business School General Management Unit Working Paper No. 110-033* (22 de septiembre de 2010), <https://ssrn.com/abstract=1680599>.

68. Fuente: <https://ikigaitribe.com/ikigai/mieko-kamiya>.

69. V. Frankl, *El hombre en busca de sentido*, Barcelona, Herder, 2015.

Lecturas recomendadas

Augustine, N., «Managing the crisis you tried to prevent», *Harvard Business Review on Crisis Management* (2009), pp. 1-31.

Barceló, M., *Hacia una economía del conocimiento*, Madrid, Esic Editorial, 2001.

Bonilla, C., *Apuntes para el manejo de la comunicación en crisis*, Ciudad de México, Centro Avanzado de Comunicaciones, 2004.

Botella, F., *¿Cómo entrenar la mente?*, Barcelona, Alienta, 2020.

Campo, M., *Eres lo que comunicas. Los diez mandamientos del buen comunicador*, Barcelona, RBA Libros, 2018.

Cartagena, M., *Sistema Hanasaki*, Barcelona, Plataforma, 2019.

Chafe, R., W. Levinson y T. Sullivan, *Disclosing errors that affect multiple patients*, CMAJ, 180, n.º 11 (26 de mayo de 2009), pp. 1125-1127.

Crandall, William Rick, John A. Parnell y John E. Spillan, *Crisis Management: Leading in the new Strategy Landscape*, SAGE Publications, 2013.

Crisis management: Master the skills to prevent disasters, Boston, Harvard Business School Press, 2004. [Hay trad. cast.: *Gestión de crisis: Convertirlas en oportunidades*, Barcelona, Deusto, 2005].

Cubeiro, J. C., *El bosque del líder*, Hoboken, NY, Prentice Hall, 2001.

—, *Cómo descubrir y aprovechar el talento de tu organización*, Madrid, Almuzara, 2022.

Durán, A., *Nuevas tendencias en la comunicación corporativa: aplicación a un modelo de «corporate» universitario* (tesis doctoral), Castelló de la Plana, Universitat Jaume I, 2005.

Dutton, J., *Leading in times of trauma, Harvard Business Review*, 80, n.° 1 (enero de 2002), pp. 54-61, 125.

Eeckhout, Jan, *The Profit Paradox*, Princeton, NJ, Princeton University Press, 2021.

Frey, Carl Frederick, *The Technology Trap*, Princeton, NJ, Princeton University Press, 2019.

Fromm, Erich, *El miedo a la libertad*, Barcelona, Paidós, 2004.

Galán, M., *Método BRAVO*, Barcelona, Alienta, 2018.

García, N., *Consumidores y ciudadanos: conflictos multiculturales de la globalización*, Cuauhtémoc (México), Grijalbo, 1995.

George, B., *Seven Lessons for Leading in Crisis*, Nueva York, Jossey-Bass, 2009.

Gladstone, J., «Executive decisions: Persuading CEOs to do the right thing during a crisis. The Public Relations Strategist», *Harvard Business Review* (verano de 2009).

Goldberg, Les M., *The show must go on: The art of leading through a crisis*, Courage to Dream Media, 2022.

Gracy, C., *The future of strategy*, Oxford, Oxford University Press, 2018.

Hackman, Richard, *Leading Teams: Setting the Stage for Great Performances*, Boston, Harvard Business Review Press, 2002.

Hirotaka, T., *The Wise Company: How Companies Create Continuous Innovation with Ikujiro Nonaka*, Oxford, Oxford University Press, 2019.

— y Tsutomu Shibata, eds., *Japan Moving Toward a More Advanced Knowledge Economy: Advanced Knowledge-Creating Companies* (World Bank Institute Development Studies), World Bank, 2006.

Kazuo, I., *et al.*, *Management by Belief: A Framework for Practicing Knowledge Management*, Tokio, Toyo Keizai Inc., 2010.

«Managing in a Crisis», *Harvard Management Update*, 2005.

Marín, F., *Comunicación de Crisis*, Madrid, LID, 2009.

Marina, J. A., *El deseo interminable*, Barcelona, Ariel, 2022.

—, *El aprendizaje de la sabiduría*, Barcelona, Ariel, 2009.

Nonaka, I., *Phronesis and Quiddity in Management: A School of Knowledge Approach*, Londres: Palgrave Macmillan, 2014.

— *et al.*, *Managing Flow: The Dynamic Theory of the Knowledge-based Firm*, Tokio, Toyokeizaishimpo-sha, 2010.

Paradis, Brian, *Lead with Imagination*, Nashville, TN, Forefront Books, 2019.

Remy, P., *Manejo de crisis*, Bogotá, ECOE Editores, 2016.

Riel, C. van, *Principles of Corporate Communication*, Hemel Hempstead, Prentice Hall, 1995.

Riorda, M., y O. Rincón, eds., *Comunicación gubernamental en acción: Narrativas presidenciales y mitos de gobiernos*, Buenos Aires, Biblos, 2016.

Rock, D., *Your Brain at Work*, Nueva York, HarperCollins, 2020.

Turienzo, Rubén, *El pequeño libro de la motivación*, Barcelona, Alienta, 2016.

—, *Haz que suceda*, Barcelona, Alienta, 2019.

Webb, Amy, *Las nueve gigantes*, Barcelona, Península, 2021.

Inspiración

Quienes han comprado alguno de mis libros saben que suelo terminar recomendando películas o series que pueden ayudar a reflexionar sobre el tema del que hablo en la obra.

Aquí tienes, como regalo final, un listado de películas, canciones y novelas que te pueden ayudar a superar momentos de crisis.

Ocho películas (ordenadas según el año del estreno):

- ✓ *Metrópolis* (*Metropolis*), Fritz Lang, 1927.
- ✓ *Qué bello es vivir* (*It´s a wonderful life*), Frank Capra, 1946.
- ✓ *Vivir* (*Ikiru*), Akira Kurosawa, 1952.
- ✓ *El apartamento* (*The apartment*), Billy Wilder, 1960.
- ✓ *La cortina de humo* (*Wag the dog*), Barry Levinson, 1997.
- ✓ *Erin Brockovich*, Steven Soderbergh, 2000.
- ✓ *Argo*, Ben Affleck, 2012.
- ✓ *La gran apuesta* (*The Big Short*), Adam McKay, 2015.
- ✓ Bonus: *Air*, Ben Affleck, 2023.

Ocho canciones para activar tu energía (ordenadas según el año de su composición):

- ✓ «Charleston» (1923), James P. Johnson.
- ✓ «Going Up the Country» (1928), Kitty, Daisy & Lewis.
- ✓ «Hard Headed Woman» (1958), Wanda Jackson.
- ✓ «I wish» (1974), Stevie Wonder.
- ✓ «I'm so excited» (1982), The Pointer Sisters.
- ✓ «I'll be fine» (2011), Clairy Browne & The Bangin' Rackettes.
- ✓ «Shut up and dance» (2014), Walk the Moon.
- ✓ «I need you» (2021), Jon Batiste.
- ✓ Bonus: «Flowers» (2023), Miley Cyrus.

Ocho novelas para inspirar tu mente (ordenadas según el año de publicación):

- ✓ *Don Quijote* (1605, 1615), Miguel de Cervantes.
- ✓ *El misterioso caso de styles* (1920), Agatha Christie.
- ✓ *Matar a un ruiseñor* (1960), Harper Lee.
- ✓ *Cien años de soledad* (1967), Gabriel García Márquez.
- ✓ *Beloved* (1987), Toni Morrison.
- ✓ *El curioso incidente del perro a medianoche* (2003), Mark Haddon.
- ✓ *Nunca me abandones* (2005), Kazuo Ishiguro.
- ✓ *Florescencia* (2018), Kopano Matlwa.
- ✓ Bonus: *Los años extraordinarios* (2021), Rodrigo Cortés.

Ocho novelas que abordan crisis (ordenadas según el año de publicación):

- ✓ *El Gran Gatsby* (1925), F. Scott Fitgerald.
- ✓ *Las uvas de la ira* (1939), John Steinbeck.
- ✓ *El hombre del traje gris* (1955), Sloan Wilson.
- ✓ *La rebelión de Atlas* (1957), Ayn Rand.
- ✓ *The Tale of Genji* (1976), Murasaki Shikibu.
- ✓ *American Psycho* (1991), Bret Easton Ellis.
- ✓ *Castillo de cristal* (2005), Jeannette Walls.
- ✓ *El poder* (2017), Naomi Alderman.
- ✓ Bonus: *Rashomon* (2023), Ryunosuke Aktagawa.